창경궁 동무

푸른숲 어린이 문학 005

창경궁 동무

첫판 1쇄 펴낸날 2015년 1월 30일
8쇄 펴낸날 2022년 7월 20일

지은이 배유안   **그린이** 이철민
발행인 김혜경   **편집인** 김수진
주니어 본부장 박창희
편집 길유진 진원지 강정윤
디자인 전운정 김혜은
마케팅 최창호 김봄
경영지원국 안정숙
회계 임옥희 양여진 김주연
인쇄·제본 영신사

펴낸곳 (주)도서출판 푸른숲
출판등록 2003년 12월 17일 제2003-000032호
주소 경기도 파주시 심학산로 10, 우편번호 10881
전화 031) 955-9010   **팩스** 031) 955-9009
홈페이지 www.prunsoop.co.kr   **이메일** psoopjr@prunsoop.co.kr

Text copyright ⓒ 배유안, 2015
Illustrations copyright ⓒ 이철민, 2015

ISBN 979-11-5675-045-1 74810
      978-89-7184-535-6 (세트)

* 잘못된 책은 구입하신 서점에서 바꾸어 드립니다.
* 본서의 반품 기한은 2027년 7월 31일까지입니다.
* KC 마크는 이 제품이 공통안전기준에 적합하였음을 의미합니다.
* 던지거나 떨어뜨려 다치지 않도록 주의하세요.

창경궁 동무

배유안 글 | 이철민 그림

✽ 작가의 말

두 소년의 어긋난 우정

　동무를 사랑하고, 동무와 시간을 함께하고, 동무와 위로를 주고받는다는 건 얼마나 깊은 행복일까? 서로 격려하며 함께 뭔가를 이루고 성장하는 것은 얼마나 큰 기쁨일까?

　《창경궁 동무》는 사도 세자의 빈이자 정조의 어머니인 혜경궁 홍씨가 쓴 《한중록》에서 시작되었다. 그 책에는 영조의 아들 사도 세자가 뒤주에 갇혀 죽은 사건과 그에 얽힌 이야기가 생생하게 담겨 있다.

　《한중록》을 읽다가, 사도 세자와 후일 정조가 된 이산의 한 맺힌 사연 사이에서 뜻하지 않게 정후겸이란 인물을 만났다. 원래 어부의 아들이었으나, 사도 세자의 누이인 화완 옹주의 아들로 입양되어 대궐로 들어온 아이, 제 안에 끓어오르는 열등감과 출세욕을 제어하지 못해 끝내 비뚤어져 버린 소년…….

이산과 정후겸은 사도 세자의 죽음을 전후한 시기를 창경궁에서 함께 보냈다. 혜경궁 홍씨가 군데군데 흘려 놓은 붓 자국은, 참으로 아름다울 수도 있었던 두 소년의 우정이 어떤 식으로 어긋났는지를 짐작하게 해 주었다.

그 당시 정후겸이 더없이 외로웠던 이산의 진짜 동무가 되어 주었더라면, 조선의 운명은 우리가 아는 것과 사뭇 달라졌을지도 모른다. 뛰어난 두 인재가 각자의 자리에서 서로에게 버팀목이 되어 주며 새 역사를 써 나갔을 테니까.

하지만 정후겸은 스스로 불행을 선택했다. 그 때문에 이산과 정후겸이 나무 막대기를 휘두르며 뛰어놀던 창경궁은 두 사람 모두에게 아픈 추억을 간직한 회한의 뜰이 되고 말았다.

이 글을 쓰면서 나는 정후겸에게 깊은 연민을 느꼈다. 혜경궁 홍씨의 표현을 빌리자면, 정후겸은 '어릴 때부터 독물' 같은 인간이었다고 한다. 그 '독물'에서 끝내 헤어나지 못하고 스스로를 망가뜨린 정후겸을 나도 모르게 안타까운 마음으로 끌어안게 되었다. 어쩌면 우리 모두의 내면에 조금씩은 자리 잡은, 자신을 괴롭히는 열등감과 질투심을 보았기 때문인지도 모른다. 다음에는 꼭 어긋난 우정이 아닌 아름답고 진한 우정 이야기를 그려 보고 싶다.

배유안

※ 차례

작가의 말 • 04

사도 세자의 아들 • 09

화완 옹주의 양자 • 17

여덟 살의 왕세손 • 30

우정과 질투 사이 • 42

세자와 옹주 • 62

세자는 임금이 되지 못할 것이다 • 81

소문의 파도 • 97

아버지와 아들 • 108

아비를 살려 주시옵소서 • 119

죄인의 아들 • 135

제왕 교육 • 149

패배자 • 157

뒷이야기_사도 세자의 아들, 개혁 군주 정조 • 162

사도 세자의 아들

"후겸아, 기어이 가겠느냐?"

하얀 관복을 갖춰 입은 나를 보고 화완 옹주가 초조한 듯 손을 비볐다. 내가 표정 없이 고개를 끄덕이자 옹주는 체념하는 눈빛을 보였다.

밖은 말 그대로 봄이었다. 묵은 등걸에 돋은 연둣빛 잎사귀들이 설렁설렁 바람 목욕을 하고 있었다. 모질기만 했던 지난밤은 아랑곳없이 햇살이 눈부셨다. 영영 어둠이 끝나지 않기를 바라며 뜬눈으로 지켰건만 밤은 새벽을 이기지 못했다. 희끄무레 밝아 오는 동창을 보며 나는 그악스레 붙들고 있던 희망을 순순히 내려놓았다.

나는 숭정전으로 향했다. 애써 담담하게 걸었지만 발은 허공을 딛는 듯했다.

1776년 음력 3월 10일, 경희궁 숭정전에서 조선 제22대 임금의 즉위식이 열렸다. 즉위식은 엄숙하고 위엄이 넘쳤다. 그러나 대신들 사이에 끼어 있는 나, 정후겸은 말로 다 할 수 없는 참담함에 몸이 좁아들고 있었다.

'결국 이렇게 되는구나.'

이제 나는 살아남기 어려울 것이다. 역사는 나를 일컬어 세손, 아니 왕을 죽이고자 온갖 짓을 일삼은 대역 죄인이라 기록하겠지.

"천세!"

"천세!"

예법에 따라 대신들이 새 왕에게 네 번 절하고 천세를 불렀다. 나는 머릿속이 복잡한 채로 따라 부르다 홍인한 대감과 눈이 마주쳤다. 우리는 얼른 시선을 비켰다. 낭패감을 숨기는 저 표정. 내 낯빛도 어쩔 수 없이 똑같으리라.

세손, 아니 새 왕은 임금의 자리에 늠름히 앉아 있었다. 곤복 차림에 면류관을 쓴 당당한 모습이었다. 입을 굳게 다문 얼굴에는 늘 그렇듯 표정이 잘 드러나지 않았다. 하지만 속마음은 말할 수 없이 감격스럽겠지. 어떻게 해서 앉게 된 자리인가. 가슴이 아릴지도 모르지. 그동안 받은 고초들을 생각하면서.

저 자리가 저렇게 어울리다니, 인정하고 싶지 않지만 사실이었다. 나는 눈을 내리감았다. 하늘은 내 편이 아니었다.

즉위식이 끝났다. 숭정전을 떠나는 왕의 행렬을 뒤따르며 나는 떨리는 발걸음을 애써 다잡았다. 내 양어머니인 화완 옹주는 아직도 머리를 싸맨 채 고심하고 있겠지. 이제라도 목숨을 구할 길이나, 아니면 판세를 뒤엎을 묘안이 있을까 하고. 그러나 이제 더 무슨 일을 할 수 있을까? 나는 완전히 포기하고 있었다. 그저 앞으로 닥칠 일이 두렵고 무서웠다.

"세손에게 옥새를 넘기라."

선왕이 승하하기 하루 전에 유언을 내렸다. 그 유언을 전해 듣고 나는 자리에 풀썩 주저앉았다. 온몸에서 기운이 다 빠져나갔다. 온갖 노력을 기울이고도 세손을 왕위 계승자의 자리에서 끌어내리지 못한 나에게 그 유언은 사형 선고나 다름없었다. 그날부터 오늘까지 엿새 동안 먹을 수도 잘 수도 없었다. 엿새뿐이 아니다. 지난 석 달 동안 얼마나 노심초사하며 피 말리는 시간을 보냈던가.

석 달 전, 선왕은 승지에게 전교(임금이 내린 명령)를 쓰라 하셨다. 나랏일을 모두 세손에게 맡기겠다는 내용이었다. 선왕은 여든두 살이었고, 기력이 쇠진할 대로 쇠진해 있었다. 신하를 접견할 때에도 세손에게 기대어 앉아야 할 정도였다. 이런 마당에 그 전교는 위급한 경우 세손에게 왕위를 물려주겠다는 공식 문서나 다름없었다. 오죽하면 홍인한 대감이 승지 앞을 가로막으며 전교를 쓰지 못하게 했을까? 심지어 전교를 거두어 달라며 소란을 떨어 승지가 임금의 말을 듣지 못하게 방해하기까지 하였다. 홍인한 대감은 그렇게라도 해서 임금의 명이 문서로 남지 않도록 안간힘을 썼던 것이다.

그날 임금 옆에서 분노를 삼키고 있던 세손의 눈빛이 지금도 생생히 기억난다. 홍인한 대감은 세손의 외할아버지인 홍봉한 대감의 동생이었다. 세손의 아버지인 사도 세자를 죽음으로 몰고 가는 데 깊이 관여한 사람이었다. 그러니 세손이 왕이 되는 것을 그대로 보고 있을 수 없었다.

결국 세손은 왕이 되고 말았다. 왕의 행렬은 선왕의 시신을 모신 빈전(왕실에 초상이 있을 때, 상여가 나갈 때까지 왕이나 왕비의 관을 모시던 전각)으로 향하고 있었다. 빈전은 즉위식을 치른 숭정전 뒤쪽, 자정전에 마련되어 있었다.

이제 십사 년 동안 세손과 내가 벌였던 대결이 끝나려 한다. 아니, 왕통을 가진 자에게 걸었던 나의 도전이 끝나려 한다.

"네가 거기 왜 가느냐? 그 자리에서 죽고 싶으냐?"

오늘 아침, 상복을 입어 더 해쓱해 보이는 화완 옹주는 무명 관복을 차려입는 나를 말렸다.

"어머니, 모든 대신이 다 참석하는 자리인데 안 가면 어찌합니까?"

"하지만 후겸아!"

사도 세자의 아들 13

옹주 목소리에 힘이 빠졌다. 그 자리에 참석하지 않는 것은 명백한 즉위 반대 표시였다. 옹주는 더 말리지 못했다. 하지만 내가 기어이 즉위식에 참석한 까닭은 혹시나 목숨이라도 구할까 기대해서가 아니었다. 왕이 되는 그를 보면서 무모했던, 그러나 내 인생을 온통 걸었던 이 도전을 마무리하기 위해서였다. 마음 한편으로는 왕이 되는 그를 보고 싶었는지도 모르겠다. 승자의 승리를 확인하는 패자의 비장함이라 해도 좋겠다. 아니다. 진심으로 왕이 되는 그를 보고 싶었다. 어쩌면 나는 그를 한 번도 미워하지 않았는지도 모른다. 이제야 솔직히 고백하자면 나는 그를 좋아했다.

내가 열한 살, 그가 여덟 살이던 그때, 임금 앞에서 처음 만난 그날부터 아주 좋아했다. 하지만 나는 그에게 싸움을 걸었다. 내 안의 질투심과 야망에 조종되어 권력 다툼의 한가운데로 나아갔다. 그는 나를 살려 두지 않을 것이다.

새 왕은 빈전에 오래 머물렀다. 자신을 지켜 주려 그토록 애썼던 할아버지에게 깊이 절하고 있을 것이다. 목이 메어 오열하고 있겠지.

나는 돌아가신 선왕을 떠올렸다. 아들을 뒤주에 가둬 죽이고도 손자는 알뜰하게 사랑했던 분이었다. 어쩌면 사무친 후회 때문에 더욱 손자를 아꼈을지도 몰랐다.

오래전, 그분은 나에게도 깊은 애정을 보내 주었다. 한낱 가난

한 어부의 아들이었던 내가 감히 권력 한복판에 들어선 것도 선왕의 각별한 애정 덕분이었다. 온갖 기억들이 제멋대로 떠올라 나를 짓눌렀다. 그러다 사람들의 기척에 퍼뜩 정신이 들었다.

왕이 중전과 함께 빈전 밖으로 나왔다. 왕은 굳은 얼굴로 대신들을 둘러보며 뜸을 들였다. 나는 긴장했다. 그 얼굴에 누구라도 인정할 수밖에 없는 왕의 위엄이 서려 있었다. 문득 왕과 시선이 마주쳤다. 나는 화살이라도 맞은 듯 움찔했다. 시선 하나에 얼어붙다니, 내가 왜 이러나. 나는 버티고 선 양다리에 힘을 꽉 주었다. 왕이 입을 열어 낮고, 굵고, 느린 목소리로 말했다.

"나는 사도 세자의 아들입니다."

헉! 비수에 꽂힌다는 게 이런 건가? 어금니를 꽉 물었지만 다리에서 힘이 스르르 빠져나가고 말았다. 나는 숨을 멈추고 무릎을 푹 꺾었다.

사도 세자의 아들! 왕이 된 후 처음으로 내리는 말이 사도 세자의 아들이라니……. 아아, 그의 한이 그렇게 깊었던가? 십사 년 전, 사도 세자가 갇힌 뒤주를 붙잡고 울부짖던 어린 그의 모습이 떠올랐다.

아아, 왕이여, 난들 그 비통했던 장면을 어찌 잊었겠습니까? 그때는, 정말이지 그때는 나도 놀라고 두렵고 가슴이 아팠으며, 세손이었던 당신이 가엾고 안타까웠습니다. 믿어 주시겠습니까?

나는 오른손으로 무릎을 짚고 일어서려 했다. 팔이 덜덜 떨렸다. 누가 볼세라 팔을 거두고 다리 힘만으로 겨우 일어섰다. 대신들 모두 얼굴이 굳어 있었다. 사도 세자의 아들이라는 말에 나만큼이나 경악한 모양이었다. 홍인한 대감의 얼굴에 파르르 경련이 일었다. 나는 어이없게도 풋, 웃음이 터져 나오려 해서 입술을 깨물었다.

'대감들, 우리가 완전히 진 것입니다.'

그런데 하필이면 지금 왜 그 옛날, 왕과 내가 막대기를 휘두르며 뛰어놀던 생각이 떠오를까? 창경궁 뜰을 휘젓고 다니던 즐거웠던 어린 시절이 내 가슴을 사정없이 후벼 팠다. 나는 양손으로 가슴을 부여잡았다.

'혹시 왕께서도 그때를 기억하시는지요?'

화완 옹주의 양자

"오늘 날씨 조옿다."

아버지는 벌써 그물을 어깨에 짊어지고 사립 밖으로 나서고 있었다. 이제 막 떠오른 해가 아버지의 능을 환히 비추었다. 나는 어머니가 챙겨 준 주먹밥 보퉁이를 들고 마지못해 짚신을 꿰어 신었다.

"후겸아, 서두르자. 오늘같이 바람 없는 날은 그물 먼저 던지는 사람이 물고기를 쓸어 담는 거다."

나는 커다란 구럭을 들고 아버지를 따라 강가로 나갔다. 긴 모래밭을 걸어 아버지가 배를 묶어 둔 곳으로 갔다.

"어이, 후겸아, 너 오늘 서당 못 오겠네."

고개를 돌려 보니, 강둑 위에 서당 동무 진수가 꼴(말이나 소에게 먹이는 풀)을 한 짐 짊어지고 있었다. 나는 힐긋 보고는 그냥 걸었다. 진수는 꼴을 부려 놓고 서당에 가겠지.

 '그냥 가지, 아는 척하기는.'

 나는 모래를 냅다 찼다. 오늘도 서당에 가기는 글렀으니까. 앞서 가던 아버지가 헛기침을 했다. 우리 집안은 원래 양반 가문이었다. 그러나 윗대부터 차츰 가세가 기울더니 아버지 대에 이르러 작은 배를 가지고 물고기를 낚아 생활해야 하는 신세가 되었다.

 강가에는 벌써 사람들이 조각배를 띄우고 있었다. 장쇠네가 부

리는 큰 배에 일꾼들 여럿이 왔다 갔다 하는 게 보였다. 아버지는 멀찍이 떨어진 곳에서 배 띄울 준비를 했다. 아버지와 나, 둘이서 타는 작은 배였다.

"날씨가 도와주니 오늘은 기대해도 되겠습지요?"

언제 왔는지 장쇠가 아버지에게 허리를 굽혔다.

"흠, 그렇구먼."

아버지는 어정쩡하게 인사를 받았다. 고기잡이배를 여러 척 부리는 장쇠는 평민이었다. 그래서 행색은 초라해도 양반인 아버지에게 깍듯이 인사했다. 그럴 때마다 아버지가 끼고 있는 나뭇잎 같은 낡은 배가 더 작아 보였다. 아버지는 바쁜 척 그물을 들었다

놓았다 했다.

나는 이런 구차한 생활을 계속하기 싫어서 악착같이 서당에 다녔다. 그러나 팔다 남은 물고기 말고는 훈장에게 변변한 좁쌀 한 자루 건네지 못하는 형편이었다. 게다가 나는 하루하루 먹고 살기도 힘든 집의 장남이었다. 아버지 일을 도와야 하는 처지라 서당에 못 가는 날이 허다했다. 그래도 실력은 남보다 뛰어나게 앞섰다. 훈장은 재주가 아깝다며 자주 혀를 찼고, 나는 늘 학문에 목이 말랐다.

바람이 불거나 비가 오는 날이면 나는 종일 서당에 가서 책을 읽었다. 날씨가 궂어서 아버지, 어머니 얼굴에 그늘이 지면 나는 속으로 좋아서 가슴이 뛰었다. 내가 도롱이를 둘러쓰고 비바람 속에 나서면 헛간에서 짚신을 삼던 아버지는 헛기침을 하며 고개를 돌렸고, 어머니는 가만히 한숨을 짓곤 했다.

여덟 살 되던 해, 내 삶은 뜻밖의 길로 들어섰다. 스스로는 어리지 않다고 생각되던 때였다. 어느 이른 아침, 아버지는 무슨 생각을 하였는지 맑은 날인데도 물가에 가는 대신 깨끗이 손질한 낡은 도포를 갖춰 입었다. 어머니는 언제 다듬어 두었던지 나에게도 깨끗한 무명 바지저고리를 내어놓았다. 명절이나 제사 때가 아니면 그렇게 입을 일이 없던 터라 나는 어리둥절했다.

"너를 이대로 두어서는 아비의 도리가 아닌 것 같다."

아버지는 한나절을 걸어 나를 어느 대갓집에 데려갔다. 커다란

대문에 담이 끝없이 길게 이어져 있었다. 활짝 핀 능소화가 담장 밖으로 넘실거려 풍요로운 느낌을 더해 주었다.

"이곳은 화완 옹주와 부마 댁이란다."

부마라면 임금의 사위가 아닌가.

"부마인 정치달은 내 이름 정석달과 같은 '달' 자 항렬이니, 멀기는 해도 어쨌든 형제뻘인 셈이지."

"형제뻘요?"

나는 화들짝 놀랐다. 우리 일가 중에 이런 대단한 집이 있다니, 갑자기 내 존재 가치가 올라간 듯했다. 왠지 물고기나 만지며 사는 삶에서 벗어날 수 있을 것 같아 온몸이 떨렸다. 그 희망은 바로 그날 실제로 내 눈앞에 다가왔다. 뜻밖에도 아버지는 그 댁에 더없이 공손하게 부탁했다.

"궂은일을 시키셔도 좋으니 맡아만 주십시오."

부마는 그동안 읽은 책이며 글에 대해 내 생각이 어떠한지 물었다. 나는 내 대답이 앞으로 나의 운명을 결정지을 수 있음을 본능적으로 알아챘다. 나는 최선을 다해 또박또박 대답했다. 그분은 처음에는 고개를 끄덕이며 관심을 보이다, 나중에는 아예 나와 대화를 즐기는 듯했다.

"자네가 아주 총명한 아들을 두었네."

"모자라지만 그물질이나 시키며 썩히기에는 아까운 생각이 들어……. 제발 거두어 주십시오."

"그러세."

"하이고, 정말 고맙습니다."

아버지는 끝도 없이 머리를 조아렸다. 나는 앞으로 이름 있는 집에 산다는 기대에 들떠 집과 가족을 떠나는 서운함은 생각할 겨를이 없었다. 굳이 아버지의 당부가 아니더라도 부디 이 집안 어른들 눈에 들어 학문도 익히고 출세도 하고 싶었다. 이 뜻밖의 행운을 절대로 놓치고 싶지 않았다.

나는 쪽방이긴 해도 하인들이 지내는 행랑채가 아닌 곳에 방 한 칸을 받았다. 부마의 서재인 작은 사랑채에 딸린 방이었다. 나는 새벽같이 일어나 사랑채의 마당을 쓸고 서재 방문을 활짝 열어 아침 공기를 넣어 주었다. 해 뜨기 전에 강가로 나가는 게 일상이던 내게 새벽에 일어나는 것은 일도 아니었다.

"어린 녀석이 부지런하구나."

곱상하면서도 체격이 다부진 부마가 내 어깨를 두드려 주었다. 나는 마음이 한껏 설렜다.

"마당 쓰는 것은 하인들이 하니까 관두어라."

"아닙니다. 새벽에 마당부터 쓸고 나면 마음까지 정돈되어 좋습니다."

"마음이 정돈된다고? 너, 정말 여덟 살 맞느냐? 하하하."

부마 집에는 책이 많았다. 부마는 책이라면 얼마든지 읽게 해 주었다. 낡은 책을 꼼꼼히 손질하고 벼루와 붓을 씻는 일은 놀기

보다 더 즐거웠다. 밥 먹고 나서 종일 책을 만질 수 있는 것만으로도 나는 내 운명 줄을 쥔 누군가에게 절하고 싶을 지경이었다. 이런저런 잔심부름에도 나는 신바람이 나서 재빠르게 움직였다.

화완 옹주는 손놀림 하나에도 귀한 자태가 드러나는 아름다운 분이었다. 첫 아기를 낳은 뒤에는 더 뽀얗게 살이 올라 바라보기도 송구할 정도로 눈부셨다. 부마와 옹주는 수시로 함께 대궐에 다녀오곤 했다. 그것을 보면서 나는 오래도록 이 집에 붙어 있기로 마음을 굳혔다. 그래서 어른들 앞에서 말 한마디 행동거지 하나에도 조심 또 조심하며 착실하게 글공부를 했다.

화완 옹주는 그런 나를 몹시 마음에 들어 했다. 더러는 몸종 궁녀를 시켜 주전부리를 내 방에 넣어 줄 때도 있었다. 귀하신 옹주가 어느 날 갑자기 굴러 들어온 나에게 이토록 친절을 베푸시니 마음이 있는 대로 부풀어 올랐다

나는 막연히 꿈꾸던 과거에도 응시할 수 있겠다는 생각이 들었다. 그래서 잠자는 시간도 아껴 가며 글공부에 열중했다. 부마는 내 재주를 기특하게 여겨 자주 글공부를 도와주었다. 선량하고 후덕한 분을 만난 덕에 나는 내가 원래부터 귀한 집 자손이 아닌가 착각할 정도로 잘 적응했다.

내가 그 집에 들어간 지 이 년쯤 되었을 무렵이었다. 그해에 옹주에게 엄청난 불행이 닥쳤다. 두 살 난 아기씨가 병으로 죽어 애통한 중에 남편인 부마마저 병이 들더니 날이 갈수록 위중해졌

다. 나를 믿어 주고 격려해 주던 부마의 병은 나에게도 큰 불행이었다. 부디 쾌차하기를 집안 식구 못지않게 빌고 또 빌었다. 달에도 빌고 별에도 빌었다. 비질을 하며 마당에도 빌었다.

나는 부마의 얼굴이나 손발을 물수건으로 닦아 주고 가래를 받아 주었다. 미음이라도 먹을 때는 어깨를 안아 일으켜 내게 기대앉게 해 주었다. 날이 갈수록 부마는 몸이 헐거워지고 약을 토하기도 했다. 땀으로 흠뻑 젖은 옷을 갈아입히는 것도 내가 했다.

"고맙구나."

"아닙니다. 어서 쾌차하십시오."

옹주는 애써 밝은 표정으로 미음 숟가락을 부마에게 떠 올렸다. 옹주의 얼굴이 하루하루 수척해졌다. 나는 잔심부름을 도맡아 하며 부마와 옹주 가까이에서 맴돌았다. 궁에서 나온 궁녀들이 있었지만, 나는 개의치 않고 죽이라도 드시라 권하며 옹주 손에 숟가락을 쥐어 주기도 했다. 어쩌면 무엄할 수도 있는 일이었지만 옹주는 내 진심을 알아주며 한 숟갈이나마 뜨곤 했다. 그러면 나는 고마워서 눈물이 날 지경이었다.

어느 날, 놀랍게도 임금의 행차가 들이닥쳤다. 임금이 사위의 병을 걱정하여 몸소 납신 것이다. 넓은 마당이 내시와 궁녀들을 비롯하여 임금을 수행해 온 금위대장과 군사들로 가득 찼다. 대문 밖에도 창을 든 군사들이 담을 에워싸고 있었다. 임금의 용안을 뵌 건 그때가 처음이었다. 가족이 아닌 탓에 가까이 나아가지는 못했어도 황송하여 어쩔 줄 모르는 집안사람들 뒤에서 임금을 살폈다.

"아, 임금님이 저렇게 생기셨구나."

나는 용안을 뵌 것만으로도 감격했다. 임금은 자애로운 분이었다. 오래도록 사위의 병상을 지키며 딸을 위로하였다. 임금이 이토록 사랑하는 이의 집에 내가 산다는 것이 기쁘고 뿌듯했다. 이렇듯 귀하신 부마가 쾌차하도록 온 힘을 다하고 싶었다.

임금이 화완 옹주와 함께 머무는 동안 대궐에서 급한 기별이 왔다. 병중이던 중전이 돌아가셨다는 전갈이었다. 다급하고 경황없는 일이 겹친 것이다. 나는 중전이 위중한 중에도 임금이 후궁의 딸인 옹주를 위로하러 이곳에 납신 사실에 더 놀랐다. 그만큼 옹주는 임금이 지극히 사랑하는 딸이었다.

임금이 급히 대궐로 돌아간 뒤, 옹주는 마루로 오르다가 마침 섬돌 옆에 서 있던 나를 붙잡고 다짜고짜 울음을 터뜨렸다.

"후겸아, 어쩌면 좋니?"

왕후의 죽음을 두고 하는 말인지, 부마의 병을 두고 하는 말인지 알 수 없었다. 다만 내 앞에서 울음을 터뜨린 옹주가 더없이 고마웠다. 옹주의 슬픔이 그대로 내 슬픔이 되었다. 나는 옹주를 안타깝게 올려다보았다. 옹주는 근심으로 초췌한데도 참 고왔다. 옹주가 내 손을 꼭 붙잡았다. 손이 가늘게 떨렸다.

"후겸아, 혹시 부마도……. 무서워."

옹주 눈에 눈물이 주르르 흘렀다.

"옹주마마, 부마께서는 꼭 쾌차하실 것입니다."

이제 열 살인 나는 마음을 다해 위로했다. 옹주가 누구라도 붙잡고 울고 싶을 때에 마침 그 자리에 있던 사람이 나였다니. 마치 하늘이 나를 도운 듯했다. 나는 옹주가 한층 더 가깝게 느껴졌다.

부마는 끝내 회복하지 못하고 세상을 떠나고 말았다. 옹주는 거의 실신하다시피 했다. 소복을 입고 소리 죽여 우는 옹주는 너무나 가여웠다. 나 역시 믿고 기댔던 부마를 잃어 가슴이 내려앉는 기분이었다. 어쩌면 더는 이 집에 머물지 못할 수도 있다는 생각에 불안하기까지 했다. 나는 옹주 주변을 맴돌면서 안절부절못했다.

부마의 초상이 나자 중전의 국상 중인데도 임금이 또 한 번 옹주를 찾아왔다. 임금은 옹주를 가엾이 여겨 눈물을 흘렸다. 나는 그때 또 한 번, 어떻게 해서든 옹주에게 꼭 붙어 있으리라 결심했다. 부마가 없는 지금 내가 붙잡을 사람은 옹주뿐이었다. 옹주 옆에만 붙어 있으면 뭐가 되어도 될 터였다. 그것은 임금과 가까이 할 수 있는 확실한 길임이 분명했다. 나는 임금의 눈에 띄려고 일부러 옹주 곁을 더 맴돌았다.

다행히 나는 옹주 집을 떠나지 않아도 되었다. 장례 절차가 끝나고서도 내 거취에 대해 말하는 사람이 없어 자연스럽게 그 집 식구처럼 머물렀다.

아침에 눈을 뜨면 내 처지가 잠시 불안했다. 그러나 안마당에 비질을 하다가 옹주가 후겸아, 하고 부르면 마음이 놓였다. 나는 슬픔에 빠진 옹주에게 말동무를 해 주며 극진히 모셨다. 옹주도 그런 나를 미더워하였다.

차츰 옹주와 나는 서로 의지가 되었다. 옹주를 위해서는 무엇이든 못 할 게 없을 듯했다. 분명 그 간절함 때문이었으리라. 하늘이 또 한 번 내 손을 들어 주었던 것은.

몇 달 뒤, 내게 꿈같은 일이 벌어졌다. 옹주가 나를 양자로 삼겠다고 했다. 나를 가족으로 받아들이겠다는 뜻이었다.

"제가 감히 어떻게……."

나는 감격하여 가슴이 터질 것 같았다.

"나는 네가 마음에 든다. 오래도록 내 옆에서 나를 지켜 다오. 시어른께서도 그리하라 하셨다."

"몸 둘 바를 모르겠습니다. 부족하지만 받아 주신다면 어머니로 모시고 평생 효도를 다하겠습니다."

"그래, 고맙다. 스승을 붙여 너를 제대로 가르칠 것이니 열심히 하여 과거를 보고 성균관(조선 시대에 인재를 양성하기 위해 서울에 세운 국립 대학)에도 들어가거라. 내 아들로 부족함이 없어야 한다. 알겠느냐?"

나는 목이 메어 대답도 할 수 없었다. 옹주 앞에 엎드려 진심으로 눈물을 흘렸다. 이제 나는 남의 집에 몸 붙여 사는 아이가 아니라 옹주의 버젓한 아들이었다. 옹주가 누구인가? 이 나라 임금의 딸이 아닌가? 옹주는 나보다 겨우 열한 살 위였지만, 나는 기꺼이 어머니로 모시기로 했다. 그날 밤, 나는 기쁨에 겨워서 잠을 이루지 못했다. 꿈이 아니기를 몇 번이고 확인하고 또 확인하며 밤을 꼬박 새웠다.

옹주는 정말로 스승을 붙여 주었다. 나는 날마다 글공부에 흠뻑 빠졌다. 옹주 말대로 과거도 보고 성균관에도 들어갈 욕심으로 밤낮없이 책을 붙잡고 살았다. 종일 울적하게 지내는 옹주는 나에게서 위안과 기쁨을 찾는 듯 각별히 대해 주었다.

하늘은 확실히 내 편이었다. 화완 옹주가 대궐 안으로 거처를 옮긴다고 했다. 임금이 옹주를 자주 볼 수 있도록 들어와서 살라 명했기 때문이다. 출가한 옹주가 대궐에 들어가 사는 일은 임금이 특별히 명을 내리지 않고서는 있을 수 없는 일이었다. 임금은 그토록 옹주를 사랑했다.

"후겸아, 나와 함께 대궐로 가서 살자."

나는 옹주의 말을 듣고 내 귀를 의심했다. 내가 대궐로 들어가 산다고? 어떻게 이런 일이……. 내 인생에 대단한 변화가 연거푸 일어나고 있었다.

여덟 살의 왕세손

　창경궁 안, 옹주의 거처는 높은 대청마루 양쪽으로 문이 겹겹이 달려 있었다. 작지만 아름다운 뜰에는 꽃들이 잘 가꾸어져 있고 과실나무도 여럿 있었다. 궁에서 궁녀와 호위 무사들의 보필을 받으니 옹주는 궐 밖에 있을 때보다 훨씬 고귀해 보였다. 임금이 각별히 아끼는 딸이자 나중에 임금이 될 세자의 친누이동생다웠다. 나는 옹주전에 딸린 작은 집에 살면서 아침저녁 문안 인사를 올리고 식사도 함께하였다. 옹주는 대궐에 들어오면서 한결 밝아졌다.
　대궐에 들어온 지 얼마 안 되어 옹주는 나를 데리고 임금에게 문안하러 갔다. 임금은 옹주를 사랑하는 마음으로 나를 반겨 주었고, 몇 마디 말을 시켜 보고는 총명하다고 칭찬해 주었다.

　세자는 풍채가 좋고 남자다웠다. "네가 화완의 아들이냐?" 하며 부드럽게 웃었다. 다음에 왕이 될 세자가 나에게 스스럼없이 말을 걸다니, 공손히 허리를 굽힌 나는 왕실 가족이 된 듯한 기쁨을 주체할 수 없었다. 이제 내리쬐는 햇볕 아래에서 그물을 끌어 올리던 기억은 희미해졌다. 어쩌다 서당에 가서야 겨우 책을 읽을 수 있었던 날들은 아득한 옛일이 되었다. 나는 세자에 이어 세손도 만나게 되길 손꼽아 기다렸다.

　여느 날처럼 옹주를 따라 임금에게 문안하러 간 날이었다. 마침 그날, 세손이 할아버지인 임금에게 와 있었다. 나보다 세 살 어린 세손은 첫눈에도 영특하고 의젓해 보였다. 세손은 나이에 비해 몸집이 있어서 그런지, 허우대가 크지 않은 나와 언뜻 또래로 보였다. 세손은 고모인 화완 옹주에게 공손하게 예를 갖추고는 나를 슬쩍 보았다. 잠시 스친 눈길이지만 그 안에 강한 호기심이 엿보였다. 그래서 마음이 놓였다.

　"제가 방해가 되었습니까? 아바마마."

　옹주는 어리광 섞인 목소리로 웃음을 함박 머금었다. 임금은 나비처럼 사뿐히 자리에 앉는 옹주를 한껏 자애로운 눈길로 맞았다.

　"어서 오너라. 마침 잘 왔다. 우리 세손이 공부를 얼마나 했나 들어 보던 중이었다."

"세손께서도 더 의젓해지셨습니다."

옹주가 웃음을 가득 머금고 칭찬하자 세손이 해맑게 웃었다.

"저하, 제 아들입니다."

옹주가 세손에게 나를 소개하였다. 이번엔 세손이 나를 제대로 보았다.

"후겸이라 하옵니다."

나는 공손히 고개를 숙이고 인사를 하였다. 세손은 묵례를 하며 내게 관심을 보였다. 임금, 세자를 거쳐 세손으로 이어진 왕통이라 생각하니, 세손 앞에서 새삼 긴장감이 일었다. 그러나 달리 보면 세손도 여덟 살 먹은 여느 소년임이 분명했다. 친해지고 싶은 욕심이 생겼다.

임금은 옹주에게 손자의 재주를 자랑할 참이었다.

"화완아, 너도 세손이 공부한 것을 들어 보겠느냐? 자, 산아, 계속해 보아라. 자신을 수양하는 것을 학문의 근본으로 삼는 이유가 무엇이냐?"

"예, 할바마마. 먼저 나의 몸부터 수양한 다음에야 능히 나라를 다스리고 세상을 편안하게 할 수 있기 때문입니다."

"그래, 어떻게 하면 공자의 도리를 실행할 수 있겠느냐?"

"자신을 먼저 수양하면 실행할 수 있습니다."

임금은 《소학》(8세 안팎의 어린이들에게 유학을 가르치기 위하여 만든 수양 입문서)의 한 구절을 또 물었다. 세손은 훌륭하게 대답했다. 임금은 세손이 거침없이 외고 풀이하는 것을 들으며 흐뭇하게 웃었다.

"산아, 잘했다. 대견하구나. 허허허."

임금이 세손을 보면서 기분 좋게 웃었다. 사랑이 가득한 웃음이었다. 세손은 기쁨이 가득한 얼굴로 미소를 지었다. 그 주고받는 웃음에 문득 내 가슴속에서 쿵, 하는 소리가 들렸다. 내가 한 번도 겪어 보지 못한, 세상에서 가장 귀한 것을 본 듯 아찔한 기분이었다.

임금이 던진 질문은 나도 대답을 잘할 수 있는 것들이었다. 불현듯 '내게도 물어 주신다면……' 하는 생각이 강하게 들었다. 하지만 나는 얼른 그 생각을 지웠다. 언감생심 임금과 세손의 문답을 넘보다니.

"이제 곧 《대학》(공자의 가르침이 적힌 유교 경전)과 《논어》(공자와 그 제자들의 말과 행동이 담긴 유교 경전)를 배우겠구나. 세손으로서 공부에 더 힘쓰도록 하라."

"예, 할바마마."

"세손 저하, 참으로 영특하십니다."

옹주가 함박 웃는 얼굴로 세손을 칭찬하였다. 대궐에 들어와 살면서 한껏 부풀어 있던 나는, 그 자리에서 비로소 내가 아무것도 아니라는 사실을 깨달았다. 당연하고 또 당연한 일이었지만 나는 몹시 주눅이 들었다.

"그래, 너는 《논어》를 읽었느냐?"

임금이 나를 건너다보았다. 기가 죽어 꼼짝 않고 앉아 있던 나는 깜짝 놀라 미처 상황을 파악하지 못했다. 세손이 호의가 가득한 얼굴로 나를 보았다. 그제야 임금의 질문을 받은 사람이 나라는 사실을 깨달았다. 가슴이 쿵쾅쿵쾅 뛰었다.

옹주가 웃으며 어서 대답하라는 눈짓을 했다.

"아직 읽지 못했느냐?"

임금이 다시 물었다.

"아, 아니옵니다. 읽었사옵니다."

"그러면 한 구절을 외고 풀이해 보라."

"예, 전하. 학이시습지(學而時習之)면 불역열호(不亦說乎)아, 유붕(有朋)이 자원방래(自遠方來)면 불역낙호(不亦樂乎)아, 인부지이불온(人不知而不慍)이면 불역군자호(不亦君子乎)아."

"그래, 풀이해 보겠느냐?"

"배우고 때때로 익히면 또한 기쁘지 아니한가, 벗이 있어 멀리서 찾아오면 또한 즐겁지 아니한가, 남이 알아주지 않아도 화내지 않으면 또한 군자가 아닌가, 라는 뜻입니다."

나는 《논어》 한 구절을 막힘없이 외고 풀이하였다.

"오, 참으로 영특하구나."

"후겸이가 총명하기 그지없다고 전에 말씀드리지 않았습니까? 아바마마."

옹주는 몹시 자랑스러워했다. 나는 기분이 날아갈 것 같았다. 세손과 같이 앉아 임금에게 질문을 받은 데다 대답도 잘했다. 조금 전까지만 해도 잔뜩 기가 죽어 있던 나는 기분이 으쓱해졌다.

"후겸아, 네 어미에게 잘하여라."

임금이 내 이름을 부르며 부드럽고 다정하게 말했다. 그 말은 내가 옹주의 아들임을 거듭 확인시켜 주었다. 나는 뿌듯한 기분을 애써 누르며 머리를 깊이 조아렸다.

"예, 전하."

"아바마마, 제게는 더없는 아들이옵니다."

옹주가 자랑스러운 얼굴로 나를 돌아보았다.

"암, 그래야지."

임금은 웃음을 머금고 옹주와 나를 번갈아 바라보았다. 그 눈빛에 언뜻 그늘이 비쳤다. 혼자 된 딸을 애틋이 여기는 아버지의 근심 때문일 터였다.

옹주가 눈치채고 얼른 콧소리로 애교를 부렸다.

"아바마마, 소녀가 어깨를 주물러 드리겠사옵니다."

"그러겠느냐?"

옹주가 일어나서 임금 등 뒤로 갔다. 임금이 세손에게 다정하게 웃으며 말했다.

"산아, 이제 그만 가 보아라."

"예, 할바마마. 그럼, 소손 이만 물러가옵니다."

세손이 일어서자 옹주가 임금 어깨에 손을 올리며 말했다.

"저하, 다음에 또 뵙지요. 후겸이도 먼저 돌아가도록 해라. 나는 아바마마와 좀 더 있다가 가마."

세손과 함께 밖으로 나온 나는 용기를 내서 세손 옆에 나란히 섰다.

"저하께서는 책을 아주 좋아하신다고 들었습니다."

"후겸이라고 했지? 나도 네 얘기 들었어. 고모님께서 아주 영특한 아들을 들이셨다고 아바마마께서 그러시더군."

"황공하옵니다."

세손이 내 얘기를 이미 들어 알고 있다는 바람에 기분이 좋았다. 더구나 세자가 나를 칭찬했다는 말에 우쭐하기까지 했다.

"활 쏘러 갈 건데 같이 가겠느냐?"

세손은 확실히 내게 호감을 내보였다. 나는 하늘을 얻은 기분이었다.

"데려가 주신다면 영광입니다."

"활을 쏘아 보았느냐?"

"아, 아닙니다."

나는 동네 아이들과 무사 놀이할 때 엉성하게나마 활을 만들어 쏘아 봤다고 얘기하려다가 말았다. 그러면 강가에서 고기잡이하며 살던 얘기까지 나올지도 몰랐다. 그런 구차한 얘기는 하기 싫었다.

세손은 어려서부터 궁중 교육을 받은 아이답게 말투도 위엄이 있고 태도도 당당했다. 조리 있게 말을 잘한다는 평을 듣던 나였지만, 세손 앞에서는 말씨에서부터 벌써 한풀 꺾이고 있었다.

"나도 배운 지 얼마 안 됐어."

세손은 나를 보고 씩 웃었다. 그럴 때는 영락없는 개구쟁이 소년의 표정이었다. 덕분에 나는 눌려 있던 마음이 약간 풀어졌다.

"너도 배워 봐. 재미있어."

세손이 눈짓을 하고는 걸음을 빨리했다. 나는 들뜬 마음으로

세손 뒤를 따랐다. 내 뒤로 내시와 궁녀들이 따라왔다. 세손과 함께 걸으니 마치 내가 고귀한 신분이 된 듯했다.

활터에는 세손을 가르칠 무사가 기다리고 있었다. 멀리 과녁 쪽에도 군사 몇이 대기하고 있었다. 세손을 따라왔던 내시와 궁녀들은 멀찌감치 서서 기다렸다.

"화완 고모님의 아들입니다. 함께 쏘아도 되겠지요?"

"예, 저하."

무사는 부하들에게 눈짓하여 얼른 내가 쏠 활을 준비시켰다.

무사는 세손의 어깨와 팔꿈치를 세심하게 잡아 주었다. 세손이 열 발을 쏘았다. 그중 다섯 발이 과녁판에 꽂혔고, 두 발이 과녁 중앙의 그림 안에 꽂혔다.

"저하, 잘하셨습니다."

무사의 말에 세손은 나를 돌아보며 웃었다. 자랑이 잔뜩 담긴, 귀여운 소년의 표정이었다.

다른 무사 하나가 내 자세를 잡아 주며 활을 안겼다. 무사가 내 어깨를 거의 안다시피 하고 활을 쏘았다. 화살이 과녁 안에 꽂혔다. 세손이 보고 있다가 손을 가볍게 들어 주었다. 하지만 그건 내가 맞힌 게 아니었다. 내 손목을 잡고 무사가 쏜 것이었다. 무사는 뒤에서 나를 잡고 몇 번 더 활을 쏘았다. 그런 다음에는 나 혼자 쏘게 했다. 화살이 영락없이 빗나갔다. 당연한 일인데도 괜히 속이 상했다.

나는 다시 활을 잡았다. 은근히 승부욕이 솟구쳤다. 나는 무사가 하는 말을 귀담아듣고 그대로 했다. 팔이 흔들리지 않도록 하느라 입을 앙다물었다. 몇 번 실패하고서야 드디어 한 발을 맞혔다. 그제야 나는 활을 내려놓았다. 어깨가 뻐근하였다.

"처음인데 잘하십니다."

무사가 빙긋 웃었다.

그날 저녁, 나는 열 찜질로 어깨를 풀었다. 얼마나 용을 썼던지 어깨 근육이 잔뜩 굳어 팔을 돌릴 수가 없었다. 활을 쏘던 세손의 다부진 어깨가 자꾸만 눈에 어른거렸다. 사내아이다운 멋진 모습이었다.

그날 밤, 나는 옹주에게 갔다.

"어머니, 저도 활을 배우고 싶습니다."

"왜, 세손이 부러우냐?"

"아, 아닙니다. 장부가 활을 배우는 것은 당연한 일 아닙니까?"

나는 속을 들킨 것 같아 얼른 부인했다. 옹주가 빙긋 웃었다.

"그래, 내 아들이 세손보다 못할 게 없지."

화완 옹주는 자신의 호위 무사 중 하나를 무술 군관으로 붙여 주었다. 나는 날마다 시간을 정해 놓고 검법과 활쏘기, 말타기를 배웠다. 무술 훈련을 받으며 내가 얼마나 민첩한 아이인지를 새삼 깨달았다. 내 실력은 하루가 다르게 늘었다. 말 등에 올라탄 나는 더는 어린아이가 아니었다. 제법 늠름하고 사내다웠다.

나는 옹주 덕분에 대궐 생활에 금방 익숙해졌다. 옹주는 대궐에서 쓰는 말이며 예법들을 가르쳐 주었고, 나는 있는 힘을 다해 배우고 익혔다. 궁녀들이 시중을 들어 주는 생활에다 궁에서 쓰는 말들이 입에 붙으면서 빠르게 대궐 사람이 되어 갔다.

옹주는 누구에게든 나를 아들로 소개했고, 그것은 나의 자만심을 한껏 북돋아 주었다. 나는 궁에서 만난 사람이라면 지위의 높고 낮음을 따지지 않고 빠짐없이 기억해 두었다.

우정과 질투 사이

　화완 옹주는 가끔 나를 데리고 세손에게 갔다. 세손은 창경궁 안의 경춘전에서 살고 있었다. 옹주는 강정이나 떡을 가지고 찾아가서 세손을 어르며 놀았다. 세손은 기품이 있었지만 아직은 어렸다. 아이는 아이였다. 장난을 곧잘 쳤고, 옹주가 칭찬을 하면 얼굴을 붉히며 좋아했다. 옹주가 자주 놀아 주어서인지 세손은 고모인 옹주를 잘 따랐다.
　그런데 옹주는 세손이 자신을 잘 따른다는 것을 세자빈에게 은근히 과시하는 듯했다. 사실 옹주는 세자빈을 시샘하고 있었다. 예전에 대비가 살아 있을 때 옹주가 세자빈 옆에 앉았다가 혼이 난 적이 있었다고 한다. 출가한 옹주가 감히 장차 국모가 될 세자빈과 나란히 앉을 수 없다며 뒤로 물러나 앉게 했다는 것이다. 옹주로서는 충분히 약이 오를 만한 이야기였다. 실제로 옹주가 하는 혼잣말을 우연히 들은 적이 있었다.

"어쩌다 운 좋게 세자빈으로 간택되어서는……."

세자 내외가 내관과 궁녀들을 거느리고 행차하는 광경을 보고 나서였다. 옹주는 자신보다 덜 귀하게 태어난 세자빈이 훗날 국모가 되는 걸 질투하는 듯했다.

세손보다 턱없이 덜 귀하게 태어난 나는 세손 앞에서 옹주에게 더 잘하려고 애썼다.

"어머니, 소자가 해 드리겠습니다."

나는 일부러 어머니라든가 소자라는 말을 자주 썼다. 세손 앞에서 내가 옹주의 아들임을, 그리고 엄밀히 말하면 내가 세손의 사촌 형임을 내세우고 싶었는지도 모른다.

나는 세손과 점점 친해졌다. 세손이 가끔 사람을 보내 나를 부를 때도 있었다. 대부분은 투호나 활쏘기를 했고, 바위와 나무 사이를 마구 뛰어다니며 놀기도 했다. 우리는 나무 막대기로 칼싸움하는 걸 가장 즐겨 했다. 또래 동무가 없었던 세손은 나와 노는 것을 꽤 즐겼다. 넓고 근엄한 대궐에서 세손 또한 내게 더없이 좋은 동무였다.

경춘전 뒤쪽, 숲으로 들어서는 입구에 넓적한 바위가 있었다. 우리는 그 바위에 올라 미끄럼을 타다가 상궁들에게 걱정을 들기도 했다. 세손은 야단맞는 것도 재미있는 놀이인 양 일부러 바위를 오르내리며 놀았다. 가끔 우리는 놀다가 옷을 더럽히기도 했다. 그럴 때면 상궁이 "험하게 노시면 안 됩니다. 도련님께서 조심해 주십시오." 하고 나를 꾸중했다. 나는 그런 꾸중이 싫지 않았다. 내가 세손의 동무이며 세손을 챙겨 줄 사람임을 인정받은 기분이었다. 나는 세손과 노는 게 즐거웠고, 세손이 나를 좋아해 줘서 더없이 기뻤다.

한 며칠 비가 추적추적 오다가 모처럼 맑은 날이었다. 꼼짝 않고 글공부만 하던 터라 몸이 근질근질하던 중에 경춘전에서 사람이 왔다. 나는 부리나케 달려갔다. 세손은 밖에 나와 있다가 나를 반겼다. 경춘전 뒤쪽, 물을 잔뜩 머금은 숲에서 습습한 향기가 흘러나오고 있었다.

"숲에 들어가 보자."

세손은 내관과 궁녀들을 뿌리치며 나하고 둘이서만 숲을 산책하겠다고 했다. 우리는 나뭇잎을 밟으며 숲으로 들어갔다.

"땅이 푹신푹신해서 좋구나."

"그러하옵니다, 저하. 향기도 아주 좋지 않습니까?"

내가 큼큼 향내를 들이마시자 세손도 따라서 큼큼거리며 코를 벌름거렸다. 뽀롱, 뽀로롱 동박새가 나뭇가지를 옮겨 날았다.

"비가 씻고 간 숲에는 새소리도 더 맑구나."

"새들도 숲이 깨끗해져 좋은가 봅니다."

우리는 막대기로 수풀을 툭툭 건드리며 걸었다. 풀잎에서 물방울이 후드득 떨어졌다.

"앗, 차가워! 하하하!"

젖은 흙이 신발 바닥에 달라붙어도 우리는 신나게 팔을 휘두르며 걸었다.

"아앗!"

언덕바지를 앞서서 올라가던 세손이 쭈르륵 미끄러졌다.

"저하!"

바로 뒤에서 따라 걷던 나는 세손을 붙잡다가 무게를 못 이기고 함께 나뒹굴었다. 나뭇가지에 긁혔는지 팔뚝이 뜨끔했다. 하지만 나는 세손이 다쳤을까 봐 더 걱정이었다.

"저하, 괜찮으십니까?"

세손은 이마를 찡그리고 있었다. 가까이 나가서 보니, 손바닥에 생채기가 약간 나 있었다. 몇 군데는 피가 배어 나와 발그레했다.

"괜찮아."

세손은 아무렇지도 않은 듯 웃었다. 나는 소맷자락에서 수건을 꺼내어 세손의 손을 닦아 주며 울상이 되었다. 귀하신 몸에 상처라니, 내관이나 상궁이 알면 나한테 타박이 올 게 뻔했다.

"걱정하지 마. 이 정도는 내가 조심하면 내관도 눈치 못 챌걸."

세손은 내가 야단맞지 않도록 상처를 숨길 작정이었다.

"어? 너, 피 난다."

깜짝 놀라서 보니, 내 팔뚝을 타고 피가 흘러내리고 있었다.

"괜찮습니다."

나는 수건으로 피를 닦았다. 멀찍이 따라오던 내관이 허겁지겁 달려왔다.

"저하!"

"에이, 옷을 버렸네."

세손은 애먼 옷 쪽으로 내관의 시선을 돌렸다.

"도련님이 다치셨군요."

내관이 수건을 꺼내 내 팔을 친친 동여매 주었다. 숲을 내려오다 보니 수건에 피가 잔뜩 배어 나왔다.

"도련님, 얼른 옹주전으로 가서 약초 가루를 뿌리도록

하세요. 경춘전으로 가면 괜히 혼날지도 모르니까요."

"예."

그런데 경춘전에 다 와서 그만 세자빈과 맞닥뜨리고 말았다.

"세손, 옷이 그게 무엇입니까? 어딜 다녀오시는 겝니까?"

"숲에서 좀 놀았습니다, 어마마마."

"어머나, 피 아닙니까?"

궁녀 하나가 내 팔꿈치의 핏자국을 보고 말았다.

세자빈이 내 팔꿈치를 보더니 얼른 세손의 몸을 꼼꼼히 살폈다.

"세손도 혹시 다치신 건 아닙니까?"

"아닙니다."

"어디 봐요."

세손은 주먹을 가볍게 쥐고 태연히 서 있었다.

"어마마마, 속이 출출합니다."

세손은 이렇게 말하며 경춘전 쪽으로 발걸음을 떼었다. 세자빈이 말했다.

"손 좀 펴 보세요."

나는 가슴이 덜컥하였다. 세자빈이 세손을 붙잡더니 억지로 손가락을 펴게 했다. 세손이 마지못해 손을 펼쳤다. 나는 눈을 질끈 감아 버렸다.

"이런! 긁히지 않았습니까? 어서 들어가세요. 너희는 가서 어의를 불러오너라."

"예, 마마."

아까부터 안절부절못하던 내관이 부리나케 달려갔다.

"도련님, 어찌 험한 데 가서 노신답니까?"

상궁이 나를 나무랐다. 세자빈은 내게 별다른 말을 하지 않았다. 하지만 눈빛에는 노여움이 서려 있었다. 세손이 난감한 얼굴로 나를 돌아보았다. 나는 세손에게 괜찮다는 눈빛을 보내고는 세자빈에게 고개를 깊이 숙였다.

"송구합니다."

세자빈은 나를 향해 이맛살을 찌푸리고는 세손을 데리고 경춘전으로 들어갔다. 나는 마당에 우두커니 서 있다가 피 나는 곳을 꾹 누른 채 집으로 돌아왔다. 궁녀가 약 가루를 가져와서 뿌린 다음 베로 친친 감아 주었다. 이부자리에 가만히 누워 있으니 상처가 점점 쓰려 왔다. 게다가 세자빈의 못마땅해하던 눈빛이 자꾸만 떠올라서 마음이 영 편치가 않았다.

이렇게 같이 어울리다 보면, 세손과 내가 어떻게 다른지 아주 생생하게 느껴지는 때가 있었다. 오늘 같은 날이 그랬다. 나는 피가 줄줄 흐를 만큼 다쳤지만 세손은 나뭇가지에 약간 긁혔을 뿐이다. 하지만 내게는 불호령이 떨어졌고, 세손에겐 어의를 부른다 어쩐다 하면서 법석을 떨었다. 어느새 눈물이 핑 돌았다.

나는 학문에서도 총명함에서도 세손에게 진혀 뒤지지 않았다. 말솜씨며 사람 사귐도 그랬다. 누구에게든 인사성이 밝았고 재치 있게 굴었다. 당연히 궁녀는 물론이고 옹주를 찾아오는 신료들까지 나를 좋게 보았다. 뒤늦게 시작한 무술에도 뛰어난 실력을 보였다. 내 생각에 여러모로 내 쪽이 더 나았다. 나는 팔뚝보다 가슴속이 더 쓰렸다.

옹주가 소식을 듣고 내 방으로 건너왔다.

"어쩌다 다친 게냐? 좀 조심하지 않고."

나는 아무 말도 하지 않았다. 옹주는 베로 친친 감은 내 팔을 잡고 눈물을 글썽였다.

"뭣하느냐? 어서 의관을 오라 하여라."

옹주가 궁녀에게 일렀다. 나는 옹주가 부산을 떨자 적잖이 위로가 되었다.

'그래, 나는 옹주의 아들이야. 옹주가 누구야? 세자 저하보다 더 임금님의 사랑을 받는 분이라고.'

나는 옹주에게 가만히 몸을 기댔다.

"어머니."

옹주가 나를 안고 등을 토닥였다. 서러움에 눈물이 비어져 나왔다. 옹주의 품은 따뜻했다. 옹주는 한없이 자애로운 눈길로 나를 바라보았다. 그것이 크나큰 위로가 되었다.

며칠 뒤, 책을 읽고 있는데 세손이 나를 찾아왔다. 내 거처로 직접 오기는 처음이라 깜짝 놀랐다.

"다친 데는 괜찮아?"

세손은 내 팔을 걷어 이리저리 살펴보았다. 어느새 상처에는 딱지가 붙어 있었다. 세손의 얼굴에 미안한 표정이 스쳐 갔다. 나 또한 아이였다. 그 표정이 내 마음에 남아 있던 심통을 단박에 녹여 버렸다. 나는 기분이 좋아져서 너스레를 떨었다.

"이 정도 갖고 뭘 그러십니까? 저하, 저와 활이라도 쏘시겠습니까?"

"아니다. 아바마마를 뵈러 가는 길에 잠깐 들렀어. 우린 다음에

놀자."

세손은 내 상처가 걱정돼서 일부러 찾아온 것이었다. 같이 놀려던 나는 서운하면서도 기뻤다. 세손은 내관과 궁녀들을 거느리고 돌아갔다.

어느 날, 책을 들고 앉았는데 도무지 글이 눈에 들어오지 않았다. 나는 밖으로 나가 이리저리 걸었다. 동궁전(왕세자가 지내는 공간으로, 궁궐의 동쪽에 있다는 데서 유래한 이름) 근처에서 세손이 세자와 함께 산책하는 모습이 보였다. 두 사람은 내관과 궁녀들을 죽 거느리고 다정하게 이야기를 나누며 걷고 있었다. 나는 선뜻 다가서지 못하고 멀찌감치 따라가며 슬쩍슬쩍 엿보았다.

"하하하, 네가 정말 그랬단 말이냐?"

"예, 아바마마."

무슨 일인지 세자는 크게 웃으며 세손의 머리를 쓰다듬었다. 세자가 세손의 어깨에 팔을 두르고 두어 걸음 걷더니 갑자기 세손을 번쩍 안아 들었다가 내렸다. 어리다고는 하나 제법 덩치가 있는 세손을 아기 어르듯이 했다.

문득 작은 조각배에 몸을 싣고 그물질을 하고 있을 아버지가 생각났다. 낮에는 아버지가 잡아 온 물고기를 팔고 밤에는 눈을 비비며 바느질하는 어머니도 떠올랐다. 아버지는 나에게 살갑지 않았다. 아버지가 나를 얼러 준 기억이 전혀 없었다. 서당에 가고 싶은 나를 붙잡아 조각배에 태운 걸 아버지가 미안해하는 줄도 몰랐다. 나를 옹주 집에 데려다줄 때에야 비로소 알았다.

 세손은 사랑이 가득 담긴 눈길을 받으며 아버지와 다정하게 걸었다. 나는 눈물이 핑 돌았다. 세손이 부러웠다. 나는 오로지 옹주의 아들로 살고 싶어서 옛집 생각은 아예 지우다시피 했다. 그런데 문득 아버지와 다정히 지내보지 못한 서러움이 그리움과 뒤섞여 가슴속으로 파고들었다.

 '여전히 그러고 사시겠지…….'

 나는 부모님 생각을 떨치려고 눈을 꼭 감았다가 떴다. 세자와 세손 뒤로 내관과 궁녀들이 꼬리를 물고 멀어져 갔다. 나는 며칠 동안 죽자고 무술 연습만 했다.

 복잡한 마음이 가라앉자, 나는 세손에게 놀러 갔다. 마침 세자가 세손에게 활쏘기를 가르치고 있었다. 나도 자연스레 그 자리

에 끼게 되었다. 세자는 세손을 감싸다시피 하고 활 잡는 자세를 잡아 주었다. 화살이 과녁을 한참 벗어나 박혔는데도 세자는 하하하, 웃으며 박수를 쳐 주었다. 세손은 속상한 듯 발을 굴리다가 세자가 어깨를 툭툭 쳐 주자 다시 활을 잡았다. 나는 부러운 마음이 들었으나 이내 털어 냈다.

   세자는 내 자세도 봐 주었지만 세손에게 보내던 다정한 눈길은 주지 않았다. 당연한데도 그것이 서운했다. 나는 세손보다 잘하고 싶었다. 활시위를 죽 당겨서는 과녁을 노려보며 탁, 놓았다. 내 화살이 과녁에 맞을 때마다 세손이 박수를 치며 좋아했다.

세자가 호탕하게 웃으며 말했다.

"화살보다 네 눈이 먼저 과녁을 뚫겠구나."

나는 머쓱하면서도 기분이 좋았다.

나는 틈틈이 옹주가 붙여 준 무술 군관과 활쏘기를 연습했다. 공부도 더 열심히 했다. 내 힘으로 얻을 수 있는 것은 무엇 하나 놓치고 싶지 않았다. 세손에게 지고 싶지 않았다.

"몸이 상할까 걱정이 되는구나. 쉬었다 하려무나."

옹주는 그런 나를 몹시 대견하게 여겨, 임금에게 자주 자랑하곤 했다. 그럴 때마다 임금의 용안이 환하게 밝아졌다.

"네가 옹주 옆에 있어서 내 마음이 한결 놓이는구나. 잘 커야 하느니라."

"황공하옵니다, 전하."

"어린 나이에 벌써 그만큼 든든하니 필시 큰 인물이 되겠구나. 허허허."

"어떻게 이런 아이가 제 아들로 와 주었는지 그저 고마울 따름입니다, 아바마마."

임금은 나를 기특해하며 아껴 주었다. 임금이 나를 아끼는 마음은 옹주에게 베푸는 사랑이 차고 넘쳐 나에게까지 흘러든 덕분이었다. 그리고 나를 뒷날 옹주를 책임질 든든한 버팀목으로 여기겠다는 뜻이기도 했다. 나는 글 읽기에 더욱 열중했다. 옹주와 임금이 있으니 나만 열심히 하면 못 넘을 산이 없을 듯했다.

모처럼 옹주와 다과를 먹을 때였다. 세자가 옹주를 부른다는 전갈이 왔다. 옹주는 썩 달가운 눈빛이 아니었다. 옹주는 친오라버니인 세자를 은근히 두려워했다. 게다가 세자는 최근 들어 무슨 일인지 자주 심기가 불편해 보였고, 그만큼 옹주를 야단치는 일이 잦았다. 세자와 임금의 사이가 별로 좋지 않다는 소문도 돌았다. 옹주는 세자 앞에서는 한없이 고분고분했다. 하지만 뒤돌아서서는 혼자 화를 내곤 했다.

"또 무슨 일로 나를 닦달하려는지 모르겠구나. 후겸아, 같이 가겠느냐?"

"예, 어머니."

동궁전 뜰로 들어서니 마침 세손과 세자빈이 도착한 참이었다. 세손은 나를 반기며 옆으로 와서 섰다. 나도 세손이 반가웠다. 한동안 같이 놀지 못했던 것이다.

"세손 저하, 오랜만에 목검 대결 한번 할까요?"

"내가 바로 그 말을 하려던 참이야."

세손은 벌써 헛손질로 공중을 휙휙 갈랐다. 나도 마주 보며 공중을 갈랐다. 우리는 얍! 읍! 하며 검이 부딪기라도 하는 양 이리저리 자세를 바꿔 가며 안으로 들어갔다.

웬일인지 세자는 몹시 지친 얼굴로 힘없이 앉아 있었다. 세자빈이 다가갔다.

"저하, 종기가 잘 낫지 않는다고 들었습니다."

"그래요, 빈궁. 온양 온천에 가서 좀 쉬었으면 하는데 아직 전하의 허락이 떨어지지 않습니다."

"좀 더 기다려 보시지요. 의원이 저하의 병을 잘 알고 있으니 전하께서도 의원 말을 들으시면 다시 생각하실 것입니다."

세자빈은 말은 그리하면서도 표정에는 근심이 잔뜩 어려 있었다. 옹주가 앞으로 나아갔다.

"저하, 부르셨사옵니까?"

옹주는 한껏 밝은 얼굴로 인사했다. 옹주는 늘 그랬다. 웃는 얼굴로 애교를 부리는 데에 남다른 재주가 있었다.

"내가 도무지 마음이 무겁고 갑갑하여 견딜 수가 없다. 종기도 잘 낫지 않아 온양 온천에 다녀왔으면 하는데 네가 아바마마께 가서 말씀 좀 드려 다오."

"그런 일이라면 저하께서 직접 말씀드리지 그러십니까?"

"그게……, 지난번에 죄인 하나를 지나치게 다스린 일로 아바마마께서 여태 화가 나 계시는지 아직 말씀이 없으시구나. 네 말이라면 듣지 않으시겠느냐?"

옹주는 세자빈을 곁눈질하며 말했다.

"빈궁마마께서 계시는데 왜 저한테 이런 부탁을 하십니까?"

누가 들어도 빈말이었다. 옹주는 '아바마마 마음은 내가 나서야 움직이지요.' 하는 우쭐한 기색을 드러내며 말을 눙치고 있었다. 나는 옹주의 태도가 과한 듯싶어 슬쩍 긴장이 되었다. 아니나

다를까, 세자가 버럭 고함을 질렀다.

"네가 아바마마의 사랑을 빙자하여 나를 조롱하는 게냐?"

옹주가 아차, 하는 얼굴로 금방 자세를 낮추었다.

"아, 아닙니다, 저하. 저는 다만……."

옹주는 자주 그랬다. 임금에 관한 한 세자와 세자빈 앞에서 우쭐하는 티가 내 눈에도 훤히 보였다. 그러다 세자에게 잘못 걸리면 불벼락이 떨어졌다. 그럴 때마다 옹주는 쩔쩔매며 용서를 빌곤 했다. 오늘도 일이 잘못 풀리고 있었다. 세자빈은 고개를 돌려 짐짓 외면했다. 딱히 뭐라 화를 내지는 않았지만 내심 마음이 상한 눈치였다. 옹주는 얼른 세자 앞에 엎드렸다.

"제가 말을 잘못했습니다. 저하, 용서해 주십시오."

"됐다. 네 아들은 여기 두고 지금 바로 아바마마께 가서 허락을 받아 오너라."

"예?"

옹주가 난처한 얼굴로 세자와 나를 번갈아 보았다. 오늘은 세자의 심기가 많이 언짢은 게 분명했다.

"왜 그러느냐? 후겸이는 세손과 함께 놀고 있을 테니 아무 염려 말고 얼른 다녀오너라."

세자의 재촉에 옹주의 얼굴이 굳어지는 듯했다. 내가 얼른 나섰다.

"어머니, 다녀오십시오. 저는 여기서 세자 저하와 세손 저하를 모시고 있겠습니다."

모시고 있겠다니, 말해 놓고 보니 내가 생각해도 너무나 당돌한 태도였다. 세자빈이 놀란 표정으로 나를 보았지만 별말은 하지 않았다. 세자가 언짢은 기색이라 옹주는 나를 남겨 두기가 걱정되는 모양이었다.

"제가 꼭 허락을 받아 올 것입니다. 하오니 후겸이는 이만 보내 주시옵소서."

"내가 네 아들을 어찌하겠느냐? 세손도 와 있으니 그러라는 게지. 아바마마께 다녀와서 데려가거라."

세자가 냉정하게 말했다. 옹주는 할 수 없다는 듯 밖으로 나갔다. 그제야 나는 한시름 놓았다. 조마조마하면서도 은근히 기분이 좋았다. 세자가 옹주를 불러 부탁을 해야 하는 형편이라니. 나랏일을 맡은 세자보다 내 어머니가 더 대단해 보였다.

어쩌면 옹주는 임금에게 세자 때문에 속상하다며 하소연을 늘어놓을지도 몰랐다. 전에도 비슷한 일이 있었다. 임금은 어리광을 받아 주듯, 옹주의 말은 무턱대고 믿는 편이었다.

얼마 뒤, 세손이 밖으로 나가자고 했다. 세자를 쉬게 하고 싶은 눈치였다. 내겐 차라리 다행한 일이었다. 우리는 뒤뜰에 나가 막대기로 칼싸움을 하면서 놀았다. 둘 다 무예에 꽤 맛을 들이던 때였다.

나는 세손보다 세 살이 많은 만큼 힘이 더 셌다. 그래서 대체로 세손을 힘으로 제압하는 편이었다. 반면에, 세손은 기본기를 제대로 익혀서 기량이 뛰어났다. 막대기를 휘두르는 손놀림조차 정교하고 아름다웠고, 착지자세는 특히 훌륭했다. 그 때문에 세손을 이기고도 썩 기쁘지 않았다.

"자세가 역시 멋지십니다."

"네가 여러모로 나은데 뭘. 내가 번번이 지잖아."

"저야 힘으로 하는데요, 뭐. 기량이야 세손 저하에 비하면 턱없이 부족합니다."

우리는 내농포 쪽으로 갔다. 내농포는 궁궐 안에서 임금이 직접 농사를 짓는 곳이었다. 벌써 벼가 알곡을 실하게 달고 있었다. 여기저기에 개구리와 메뚜기들이 심심찮게 뛰어다녔다.

"저하, 해 지고 나서 여기 와 보셨습니까?"

"그래, 요즘은 개구리들이 악을 쓰고 울어 대더라."

"예, 저도 더운 날 저녁에 어머니와 여기 와서 개구리 소리를 듣다가 갑니다."

나는 긴 나뭇가지 하나를 주워서 논을 들쑤셨다. 개구리들이 이리저리 뛰었다. 세손과 나는 시간 가는 줄 모르고 개구리와 메뚜기를 잡으며 놀았다. 우리는 춘당지 연못까지 갔다.

"저하, 물수제비 내기할까요?"

"나, 그거 잘 못하는데."

"보세요."

나는 납작한 돌을 골라 팔을 옆으로 하여 휙 던졌다. 철벅, 철벅, 돌은 일곱 번이나 수제비를 뜨며 날아갔다.

"야! 대단하다. 돌이 꼭 새 같구나."

세손은 물수제비에 영 소질이 없었다. 돌이 겨우 한 번 튀고는 풍덩 빠져 버렸다. 허구한 날 물가에서 놀던 나와는 비교가 되지 않았다. 나는 돌을 몇 번 더 던졌다. 그때마다 일고여덟은 거뜬히 치고 나갔다.

"넌 못 하는 게 없구나."

"많이 해 봐서 그래요. 이런 건 하는 만큼 늘거든요."

나는 세손이 부러워하는 빛을 보이자 괜히 우쭐해졌다. 세손은 내가 가르쳐 준 요령대로 던져서 물수제비를 세 번 뜨자 환성을 지르며 팔짝팔짝 뛰었다.

옹주는 저녁 어스름이 질 무렵에야 돌아와, 임금이 세자의 온천행을 허락했다고 전했다. 역시 어머니였다.

"정말이냐? 아바마마께서 허락을 하셨단 말이지?"

"예, 저하. 과로하신 데다 종기까지 낫지를 않아 고생이 심하니 꼭 보내 주십사고 간절히 졸랐습니다."

"고맙다. 네가 나를 위해 큰일을 했구나."

세자는 기분이 좋아서 궁녀에게 과자를 내오라고 했다. 나는 임금이 옹주를 얼마나 신임하는지 다시 한 번 확인하고 저절로 어깨에 힘이 들어갔다.

세자빈과 세손과 같이 동궁전을 나와 걷다가 서로 길이 갈라졌을 때였다. 옹주는 발길을 돌리자마자 내 어깨를 감싸며 말했다.

"얼마나 불편했느냐?"

"아닙니다, 어머니. 어머니께서 허락을 받아 오실 것이라 믿고 마음 편하게 놀았습니다."

"그래, 네가 아주 배짱이 두둑하구나. 내 아들이 그래야지, 암. 이 나라에 나만큼 아바마마의 사랑을 받는 이가 또 있는 줄 아느냐? 아바마마가 내 부탁을 안 들어주신 적이 한 번도 없었다."

옹주는 세자빈과 세손도 들으라는 듯 일부러 크게 말했다.

세자와 옹주

세손이 열한 살이 되어 가례를 올렸다. 간택령을 내리고 몇 달에 걸쳐 예법에 따라 빈을 간택하고 성대하게 가례 예식이 베풀어졌다. 가례는 배필을 맞이하는 의미 말고도 어른이 된다는 뜻이 컸다. 특히 세손이 세자 다음으로 왕위를 잇는 계승자임을 똑똑히 알리는 의식이기도 했다. 그래서 임금은 세손을 어린 나이에 서둘러 가례를 올리게 했다.

세손빈은 고작 열 살인데도 곱고 기품이 흘렀다. 장안의 규수 가운데 무엇 하나 빠짐없이 잘 갖춘 소녀가 세손의 짝이 되었다. 나는 세손빈에게서 눈을 떼지 못했다.

"부러우냐? 너에게도 저만 못지않은 규수를 골라 짝지어 줄 것이다."

옹주가 내 쪽으로 몸을 기울이며 놀리듯 소곤거렸다. 나는 얼른 눈길을 돌리며 아닌 척했으나 귀밑까지 화끈거렸다. 가례가 끝난 뒤 옹주를 모시고 돌아오는 내내 세손이 멀어진 느낌이 들었다. 아니, 부러웠다.

"그럼 쉬십시오, 어머니."

내가 막 방으로 돌아가려 할 때였다. 옹주가 무심히 말했다.

"이번 세손빈 간택은 내 덕이 컸지."

"예?"

"세자 저하는 작년에 김 판서 회갑 잔치에 갔다가 그 규수를 처음 보고는 며느리 삼고 싶어 했지."

"세자 저하가 원하는 대로 되어서 기쁘셨겠습니다."

"오라버니가 나에게 애써 달라고 특별히 부탁을 하시더구나."

"그래서 어머니께서 주상 전하께 따로 김 판서 댁 규수 칭찬을 많이 하셨습니까?"

"이르다뿐이겠니?"

"역시 어머니십니다."

"그래, 그런데 세 번째 간택 날에는 세자 저하가 참석도 못 하셨단다."

옹주가 입을 삐죽였다.

"왜요, 어머니?"

"요즘 들어 부쩍 아바마마와 오라버니 사이가 나쁘지 않더냐? 그때도 아바마마가 무슨 일로 화가 나셨는지, 세자 저하에게 세손빈 간택 자리에 아예 나오지 말라고 하셨지 뭐냐?"

나는 깜짝 놀랐다. 며느리 간택 자리에 시아버지더러 나오지 말라고 했다니! 도대체 무슨 잘못을 했길래?

"전하는 왜 세자 저하에게 그토록 자주 화를 내시는 겁니까?"

"그거야 여러 가지 복잡한 일이 많지. 하여간 세손빈 일은 세자 저하가 나에게 고마워하셔야 해."

가끔 옹주가 하는 말을 이리저리 맞추어 생각해 보면, 세자는 갈수록 임금과 사이가 좋지 않아 보였다. 세자가 나랏일을 많이 맡아 보는데 그 일로 임금한테 자주 야단맞는 눈치였다. 또 세자는 대신들과 의견이 잘 맞지 않는 듯했다. 권세 있는 신하들이 세자를 공경하지 않아서, 임금에게 좋은 말을 별로 하지 않는 모양이었다. 옹주나 그 측근들이 하는 말을 어쩌다 들어도 그랬다. 세자는 임금과 사이가 나쁘다 보니 마음에 병이 들어 궐 밖으로 자주 나가 돌아다니고 그럴수록 임금의 진노는 더 깊어진다고 했다.

가례 뒤에 세손의 태도는 한층 의젓해졌다. 세손은 학문과 덕이 높은 스승을 여럿 두고 날마다 정해진 시간에 맞춰 공부했다. 나와 어울릴 시간이 눈에 띄게 뜸해졌다. 나에게도 옹주가 붙여 준 훌륭한 스승이 있었다. 나는 책 속으로 더 깊이 파고들었다. 언제 어떤 자리에서 임금이 묻더라도 세손보다 더 훌륭히 대답하고 싶었다. 그런 노력 덕에 임금한테서 여러 번 칭찬을 들었다.

임금이 신하들에게 강론하는 자리에 세손도 참석하는 날이었다. 세손의 총명함을 대신들에게 알리고 자랑하려는 것이었다. 괜히 울적해 건성으로 책장을 넘기고 있는데, 옹주가 갑자기 나를 불렀다.

"후겸아, 전하께서 너도 참석하라고 하셨다. 어서 가 보아라."

"정말입니까?"

나는 자리에서 벌떡 일어났다.

"너도 가고 싶었지?"

옹주가 눈을 흘기며 웃었다. 나는 아니요, 하려다가 이미 들킨 속내라 마주 웃고 말았다.

"그동안 공부한 것을 마음껏 뽐내 보아라."

"예, 어머니. 자신 있습니다."

나는 갈고닦은 실력을 내보일 좋은 기회라 가슴까지 설렜다. 강서원으로 가는 발걸음이 저절로 빨라졌다. 강서원은 세손 교육을 위해 특별히 마련된 곳이었다.

임금과 대신들이 와서 자리를 잡자 긴장이 되었다. 임금이 세손에게 물었다.

"어질다는 것은 무엇이며 의롭다는 것은 무엇이냐?"

《맹자》에 나오는 내용이었다. 세손은 막힘없이 대답했다.

"측은하게 여기는 것을 어질다고 하며, 나쁜 것을 수치스럽게 여기는 것을 의롭다고 합니다."

"훌륭하구나."

임금이 얼굴 가득 웃음을 띠며 또 물었다.

"홍수가 나서 백성들이 곡식을 바치지 못할 때 나라가 면제해 주는 것은 백성들에게 은혜를 베풀기 위함이다. 만일 이로 말미암아 나랏일에 쓰이는 경비를 대지 못한다면 장차 어떻게 되겠느냐?"

"백성이 넉넉하면 임금이 부족하게 될 수가 없지 않겠습니까?"

"그렇구나. 네 말이 맞다. 그러면 태평성대를 누렸던 요임금, 순임금 이후에 다시 그 같은 사람이 나지 않는 까닭은 무엇이

냐?"

"사람들이 사사로이 욕심을 부리고, 그 욕심이 곧 독이 되었기 때문입니다."

세손은 이번에도 잘 대답하였다.

"그래, 알기가 어려운 것이 아니라 실행하기가 어려운 것이다. 그러니 너는 이에 힘써야 할 것이다."

"명심하겠사옵니다."

임금이 한껏 자랑스러운 듯 허허 웃으며 대신들을 둘러보았다. 대신들이 세손의 실력을 인정하고 고개를 끄덕였다.

"전하, 세손 저하의 공부가 참으로 깊고도 넓습니다."

"그래, 강서원 스승들의 노고가 크도다. 이제 후겸이가 한번 말해 보겠느냐?"

나는 바짝 긴장했다. 임금이 물었다.

"산은 본래 울창하게 우거져 아름다웠다. 그러나 그 산이 길 가까이 있어 사람들이 도끼로 나무를 마구 베어 내었다. 시간이 흘러 잘린 나무의 뿌리가 밤낮으로 다시 자라고, 비와 이슬을 맞아 밑동에 새싹이 돋아났지. 그런데 이번에는 소와 양들이 와서 싹을 마구 뜯어 저렇게 헐벗은 산이 되고 말았다. 지금 사람들은 그 헐벗은 산을 보고 원래부터 나무가 없었으리라 생각하겠지만, 그게 어찌 산의 본래 모습이라 하겠느냐? 넌 어떻게 생각하느냐? 산에도 본성이 있느냐?"

《맹자》에 나오는 구절로, 내가 잘 아는 내용이었다. 나는 긴장을 풀려고 목을 가다듬었다.

"그것은 사람의 본성에 대하여 말하기 위해 먼저 산의 본성을 말한 것입니다."

"그러면 사람의 본성에 대해 말해 보겠느냐?"

"사람의 본성에 어찌 어질고 의로운 마음이 없었겠습니까? 그런데 본래의 양심을 버리는 것은 도끼로 나무를 자르는 것과 같습니다. 날마다 양심을 자른다면 어찌 아름답겠습니까? 사람의 양심도 밤낮으로 자라고 또 커지고자 합니다. 그런데 사람답지 못하게 생각하고 행동하면 양심의 싹이 자라지 못하여 인간이 아니라 짐승과 같은 상태에 빠집니다. 사람들은 결과적으로 나타난 모습만 보고 본래부터 착한 심성이 없었다고 생각하지만, 어찌 그것이 사람의 본성이겠습니까?"

"잘했다. 네 공부도 날로 깊어 가는구나. 허허."

"황공하옵니다."

대신들도 나를 향해 고개를 끄덕였다. 나는 솟아오르는 기쁨을 가만히 누르고 고개를 숙였다. 밖으로 나오자 세손이 나를 치켜세웠다.

"놀랍구나. 그렇게 대답을 술술 잘하다니. 공부가 아주 푹 익었는걸."

"송구합니다. 세손 저하의 대답이 더 훌륭하셨습니다."

"나는 어른들 앞에서 말을 하려면 자꾸 긴장이 돼. 참, 우리 요즘 좀 뜸했지?"

어울려 논 지 오래되었다는 뜻이었다. 어느새 세손은 개구쟁이 소년의 표정을 짓고 있었다.

"예, 오랜만에 뵙습니다. 가례를 올리신 뒤 저하께서 바쁘지 않으셨습니까?"

가례란 말에 세손이 얼굴을 붉혔다.

"나와 같이 가자."

"예, 저하."

세손의 거처에는 아홉 살 난 청연 군주(왕세자의 정실이 낳은 딸에게 내리는 품계)가 세손빈과 함께 실뜨기를 하고 있었다. 마침 실을 건네고 난 세손빈이 일어났다. 나는 허리 굽혀 절을 했다.

"강서원에서 오시는 길이지요?"

"예."

가례를 올린 지 두 달밖에 되지 않은 세손빈은 아직도 세손을 보면 얼굴을 붉혔다. 하지만 부끄러워하기로 치면 세손이 더해 보였다. 세손은 나를 의식해서인지 세손빈의 얼굴을 제대로 마주 보지 못하고 있었다. 나는 나대로 세손빈 앞에서 자꾸 얼굴이 붉어져 감추느라 애를 먹었다. 청연 군주의 어리광이 아니었더라면 어색해질 뻔하였다.

"이제 오세요, 오라버니? 같이 놀려고 기다리고 있었어요."

청연 군주가 생긋 웃었다. 청연 군주는 가례 전에도 세손을 부쩍 따르던 귀여운 누이였다. 가끔 같이 놀아 달라며 나를 조르기도 했다. 요즘 세손이 강서원에서 보내는 시간이 많아진 탓인지, 저보다 한 살 많은 세손빈을 자매처럼 따르고 좋아하는 모양이었다.

세손빈은 성품이 온화하고 공손하여 나무랄 데가 없었다. 아마도 이렇게 와 있는 걸 보니, 청연 군주가 오라버니에게 놀러 가자고 세손빈을 조른 모양이었다. 사실 우리는 다들 놀기 좋아하는 나이였다.

"청선도 데려오지 그랬느냐?"

세손은 이제 일곱 살인 누이 청선을 챙겼다. 이럴 때는 아우가 없는 나보다 세손이 더 성숙해 보였다.

"청선은 어마마마랑 같이 있어요. 그 애가 자꾸 떼를 써서 몰래 나왔어요."

"그러면 쓰나? 동생을 예뻐해야지."

"예뻐해요, 오라버니. 오늘은 몰래 왔지만요."

세손은 웃으며 세손빈 대신 청연 군주의 실뜨기를 받았다. 실뜨기는 장구 모양도 되었다가 베틀 모양도 되었다가 했다. 청연 군주는 실뜨기를 아주 잘했다. 세손이 당해 낼 재간이 없었다. 세손빈이 과자를 내왔다.

"저하, 이렇게 해 보세요."

이제 어찌할까 고민하던 세손이 세손빈이 일러 주는 대로 실을 떴다. 청연 군주가 냉큼 모양을 만들어 받아 갔다. 세손은 몇 번 더 하다가 안 되겠던지 물러앉았다.

"후겸 오라버니, 해 보세요."

나는 청연 군주와 몇 번쯤 실뜨기를 주고받다가 세손빈에게 자리를 넘겨주었다. 아무래도 사내아이에게 실뜨기는 지루하였다.

"후겸이도 왔는데 투호하러 갈래?"

"좋아요. 내기해요. 빈마마, 내가 이기면 그 노리개 나 주세요."

청연 군주가 세손빈이 달고 있는 노리개를 가리켰다. 세손이 슬쩍 꾸짖었다.

"너도 노리개 있잖아."

"대신에 내가 지면 어제 내가 만든 이 꽃주머니 드릴게요."

청연 군주가 꽃주머니를 달랑달랑 흔들었다. 사실은 그걸 자랑하고 싶었던 모양이다.

"어머나, 그걸 아기씨가 만들었어요? 내가 꼭 이겨서 얻어야겠네."

세손빈이 꽃주머니를 만지며 감탄했다. 청연 군주는 기분이 좋아서 나에게까지 꽃주머니를 흔들어 대며 귀엽게 웃었다.

밖으로 나오니 마침 세자가 마당으로 들어왔다.

"다들 모여 있었느냐?"

"예, 투호라도 할까 하고 나왔습니다."

"오늘 전하의 강론에 참석했다지? 후겸이도 같이 갔다고?"

"예, 아바마마."

"그래, 아주 훌륭했다는 말을 전해 들었다."

세손이 자랑스러운 표정으로 웃었다. 영락없이 아버지 앞의 아들이었다.

"투호라 했느냐? 그럼, 어쩐다? 나는 너에게 활쏘기를 좀 가르쳐 줄까 하고 왔는데."

"정말이십니까?"

세손은 활쏘기란 말에 반색했다. 나도 투호보다는 활쏘기가 나았다. 세손이 '좋지?' 하는 표정으로 돌아보자 나는 고개를 끄덕였다. 세손이 세손빈을 돌아보았다. 이참에 세손빈에게 활 쏘는 모습을 보여 주고 싶은 눈치가 역력했다. 하긴 어린아이가 아닌 장부의 모습을 보여 주기엔 활쏘기가 그만이었다. 세손빈의 표정에도 기대하는 빛이 보였다.

"너희도 구경하겠느냐?"

"예, 아바마마."

세손빈이 공손히 대답하자 세자가 기분 좋게 웃었다. 갓 들인 어린 며느리가 사랑스러운 듯 애정이 담뿍 담긴 웃음이었다. 세손이 얼굴을 붉혔다. 나는 공연히 남의 가족 사이에 끼어 있는 느낌이 들었지만 그냥 돌아가겠다고 말하기도 우스운 일이었다. 아니, 한편으로 세손보다 더 뛰어난 내 활 솜씨를 세손빈에게 보여 주고 싶은 욕심이 생겼다.

활터로 가는 길에 옹주를 만났다.

"세자 저하, 세손까지 데리고 어디 가시는 길입니까?"

옹주가 세자에게 허리를 굽히며 애교 있는 웃음을 지었다.

"활이나 쏠까 하고 가는 길이다. 너는 별일 없느냐?"

"무슨 일이 있겠습니까? 그런데 세자 저하께서는 좀 고단해 보이십니다."

"요즘 일이 좀 많다. 그래, 어딜 가는 게냐?"

"아바마마를 뵈러 가는 길입니다."

옹주는 늘 그렇듯이 아바마마를 뵈러 간다는 말 안에 은근히 자랑하는 태도를 풍겼다. 임금의 사랑은 옹주에겐 강한 무기와도 같았다. 특히 정치적인 일로 임금과 서먹한 세자 앞에서는 더욱 그러했다. 나는 모른 척했다.

"그래, 그럼 다녀오너라."

세자는 무표정하게 말하고는 발걸음을 옮겼다.

"후겸이 너는 기다려도 안 오더니 세손 저하와 있었구나. 나와 같이 전하께 가려느냐?"

"고모님, 후겸이는 저희와 같이 활 쏘러 가는 중입니다."

세손이 나를 보내고 싶지 않았는지 앞질러 말했다. 나는 잠시 망설였지만 세손, 아니 세손빈을 택했다.

"예, 어머니. 저는 아까도 전하를 뵈었으니 이번에는 어머니 혼자 다녀오십시오."

옹주 얼굴에 실망하는 빛이 잠깐 서렸지만 이내 표정을 바꾸었다. 나를 데려가서 오늘 일을 자랑하고 칭찬을 듣고 싶었을 것이다.

"그럴래?"

옹주가 길을 비키며 세손에게 상냥하게 말했다.

"세손 저하, 저희 집에 한번 놀러 오시지요. 뜰에 살구가 맛있게 익었습니다."

"예, 고모님."

"그럼, 세자 저하, 살펴 가십시오."

옹주는 이미 가고 있는 세자의 등에 대고 인사하고는 돌아섰다. 세자가 걸음을 늦추더니 세손 옆으로 가서 오른팔을 세손의 어깨에 둘렀다. 나는 세손의 어깨를 싸안은, 그 단단해 보이는 팔에 부러운 마음이 들었다. 청연 군주가 질세라 세자의 왼팔을 잡고 붙어 섰다. 세자는 허허, 웃으며 청연 군주를 내려다보았다. 나는 애써 무심한 듯 걸었다.

세자는 어려서부터 총명하여 임금의 각별한 사랑을 받았다고 들었다. 두 돌이 되기 전에 한자 육십여 자를 해독할 정도로 총기가 있었다. 또 천자문을 배우다가 '사치할 치(侈)' 자가 나오자 구슬로 장식한 자신의 비단 모자를 벗어 던지며 "이것은 사치한 것이다."라고 말하여 임금의 마음을 흡족하게 했다.

학문에 열심이어서 열 살 무렵에는 자신이 지은 시문을 신하에게 나누어 주기도 했다. 게다가 기골이 장대하고 힘이 세어 열다섯에 이미 무사들이 다루는 청룡도를 휘둘렀다고 했다. 임금은 이런 세자를 몹시 기꺼워하여 자주 신하들 앞에서 내놓고 자랑하였다고 한다. 그러던 것이 세자가 나랏일을 떠맡은 뒤부터 임금과 사이가 불편해지고 있었다.

언젠가 임금이 세손에게 "네 아비보다 낫구나."라고 하는 말을 들은 적이 있었다. 그 말은 듣기에 따라서 이상할 수도 있는 말이었다. 그래서인지 세손은 칭찬을 듣고도 전혀 기쁜 빛이 없었다.

임금은 사랑이 많은 분이지만 또 엄하고 무섭기도 했다. 사소한 일을 까다롭게 따져 화를 내기도 하고, 큰 문제가 생기면 오히려 관대할 때도 있어서 가늠하기 힘들었다. 그런데 옹주는 입안의 혀처럼 임금의 비위를 잘 맞추었다. 좋은 일이 있을 때는 물론이고 화가 나 있을 때조차 임금을 기쁘게 할 말을 잘도 찾아냈다.

활터에 들어서자 나는 힘이 솟았다. 세자의 활 솜씨는 대단했다. 연달아 열 발을 명중시키자 청연 군주가 손뼉을 치며 좋아했다. 세손빈도 박수를 치다가 세손과 눈이 마주치자 방긋 웃었다. 세자가 세손에게 쏘아 보라고 했다. 첫 화살은 과녁 구석에 꽂혔다. 과녁판을 벗어난 건 아니지만 세손빈이 보고 있어서인지 세손은 몹시 머쓱해했다. 말 그림 안에 꼭 명중시키고 싶은 모양이었다.

세자가 세손의 어깨와 팔을 바로잡아 주었다. 화살이 과녁판 중앙에 그려진 그림 안에 꽂혔다. 과녁 뒤에 있던 군관이 옆으로 나와 깃발을 위로 들어 흔들고는 도로 뒤에 숨었다. 멀찍이 떨어져 서 있던 청연 군주가 "오라버니!" 하면서 소리를 질렀다. 세손은 청연 군주가 아니라 세손빈을 흘깃 돌아보았다. 세손빈이 손뼉을 치다가 부끄러운지 얼른 손을 내렸다.

"딴 데 신경 쓰면 안 되지. 너, 네 각시에게 잘 보이고 싶지?"

세자가 세손 귀에 대고 슬쩍 말했다. 세손은 얼굴을 붉히면서 고개를 흔들었다.

"아닙니다, 아바마마."

"뭘, 내가 보니 딱 그런데."

세손은 얼른 화살을 시위에 올리고 조준을 했다. 이번엔 아예 과녁을 벗어나 뒤로 날아가 버렸다. 청연 군주가 에이, 하고 탄식하는 소리가 들렸다. 세자가 거봐, 하는 얼굴로 빙긋 웃었다.

"집중해야지."

세손이 인정합니다, 하는 표정을 지으며 자세를 바로 했다. 다음 화살부터는 뒤쪽을 신경 쓰지 않기로 한 모양이었다. 화살이 제대로 날아갔다. 활쏘기라면 사실 세손이 꽤 잘하는 편이었다. 열 발을 쏘아 네 발이 명중하고 다섯 발이 과녁판 안에 꽂혔다. 한 발은 과녁을 벗어나 땅에 꽂혔다.

"이번엔 후겸이가 쏘아 봐라."

"예, 저하."

내가 과녁을 맞히자 청연 군주가 손뼉을 쳤다. 흘깃 돌아보니 세손빈은 다소곳이 서서 보고 있었다. 나는 거푸 화살을 쏘았다. 몇 발은 명중했고, 나머지도 대부분 과녁을 벗어나지 않았다.

"후겸이 많이 늘었구나."

나는 세자의 칭찬에 으쓱해져서 활을 더 힘차게 당겼다. 세손과 나는 번갈아 가며 다섯 발씩 쏘기를 몇 번 더 했다. 내가 세손보다 조금 나은 편이었다. 기분이 썩 좋았다.

"잘했다. 오늘은 그만하자. 청연과 네 각시가 지루하겠다."

"아바마마, 고맙습니다."

"아니다, 네 덕분에 내 기분이 좀 풀렸구나."

세손이 세손빈을 돌아보았다. 세손빈은 세손을 보고 함박 웃다가 세자 앞이라 그런지 금세 웃음을 감추었다. 세손은 기분이 한껏 좋아 보였다.

다들 웃으며 돌아오는데 이야기 속에 나만 끼지 못했다. 세자도 세손빈도 세손의 화살에만 관심이 있었다. 조금 전의 으쓱했던 기분이 슬그머니 사라졌다. 내가 아무리 활을 더 잘 쏘아도 그건 화살 몇 발의 문제일 뿐 그 이상은 아니었다. 세손에 대한 질투심이 끓어올랐다.

내가 이미 열네 살이 되었으므로 양아버지의 본가에 나가 관례(어른이 된다는 의미로 상투를 틀고 갓을 쓰게 하던 의례)를 치르기로 했다. 관례를 치르면 혼례 전이라도 어른 대접을 받았다.

관례를 앞둔 어느 날, 옹주를 만나러 가는데 뜻밖에도 세자가 옹주 방에서 나오고 있었다. 화가 잔뜩 난 얼굴이었다. 옹주가 허겁지겁 뒤따라 나왔다.

"아닙니다, 저하. 오해이십니다. 그냥 농이었습니다."

"네가 아바마마를 믿고 나를 우습게 아는구나."

세자는 막 들어오는 나를 흘깃 보고는 휑하니 가 버렸다. 옹주는 방으로 들어가 흐느끼며 울었다.

"어머니, 무슨 일이십니까?"

옹주는 크게 서러운 일이 있었던지 나를 잡고 하소연을 했다.

"너한테 할 말은 아니다만 세자 저하께서 너무하시는구나."

"무슨 일이 있으십니까?"

"아바마마께서 세자 저하에게 화를 내실 때마다 내가 늘 편들어 드리곤 했는데 나에게 이러실 수는 없어."

옹주는 눈물을 닦으며 바로 앉더니 입술을 깨물었다.

"내가 농으로 아바마마께 세자 저하 흉을 좀 보았더니, 그걸 아바마마가 진짜로 듣고 야단을 치셨다는구나. 그만한 일로 저렇게 화를 내신다. 아바마마께서 세자 저하보다 나를 더 사랑하시니 이렇게 미워하시는 거야."

"어머니야말로 그만한 일로 왜 그러십니까?"

나는 옹주에게 다가가 어깨를 감싸 안고 눈물을 닦아 주었다.

"너는 나를 위로할 줄 아는구나. 그런데 어쩌니? 세자 저하가 저리 화를 내고 이제 대궐 밖 본가에도 나가지 말라 하시니 당분간 말을 듣지 않을 수 없구나. 네 관례에도 못 가게 됐어. 허락 없이 갔다가는 무슨 불호령이 떨어질지 몰라."

"그게 제 관례하고 무슨 상관입니까?"

"내가 미우니 그러시는 거야. 내가 얼마나 마음고생을 하고 사는지 너는 모른다. 내가 세자 저하보다 먼저 아들로 태어났더라면 얼마나 좋았을꼬?"

옹주는 거친 숨을 내쉬느라 가슴이 불쑥불쑥하였다. 옹주는 의사가 분명하고 당당하여 임금 앞에서도 전혀 어려워하지 않았다. 가끔은 임금이 "허허, 네가 아들로 태어났더라면 좋았겠구나." 할 때도 있었다. 나는 눈물을 찍어 내는 옹주를 보며 조금 전에 들은 말을 되새겨 보았다.

'정말로 옹주가 세자 저하보다 먼저 아들로 태어났더라면?'

당연히 세자는……. 나는 얼른 고개를 흔들었다. 그러면 나는? 내가 양자가 되는 일 따위는 없었겠지.

임금과 사이가 나쁘다고는 해도 세자의 권위는 대단한 것이었다. 결국 옹주는 두려운 마음에 내 관례에 참석하지 못했다. 나는 정말 속이 상했다. 하지만 임금은 황송하게도 내게 갓과 도포를 내려 주었다.

그때부터였던 것 같다. 화완 옹주가 세자 때문에 속상해하면 위로를 빙자해 맞장구친 것이, 그리고 세자가 임금의 진노를 샀다는 말이 들릴 때마다 은근히 쾌감을 느끼게 된 것이. 나는 어머니와 한층 더 마음이 통하는 사이가 되어 갔다.

세자는 임금이 되지 못할 것이다

 오월이라 뜰에 꽃들이 만발해 있었다. 글을 읽다가 잠깐 나와서 꽃향기를 즐기는데, 새 중전의 오라비인 김귀주와 몇몇 대신들이 옹주를 찾아왔다.
 "안녕하셨습니까? 다 같이 오시다니 좋은 일이 있나 봅니다."
 나는 공손히 절을 하였다. 사람들은 인사를 받는 둥 마는 둥 안으로 들었다. 이 년 전에 맞아들인 새 중전은 열일곱 살이었다. 임금보다 쉰한 살이나 아래이고, 세자보다도 열 살이나 적었다. 임금은 어린 중전을 어여삐 여겨 중전의 아버지를 단박에 금위대장을 시키고, 아직 과거에 급제하지 않은 오라비 김귀주에게도 높은 벼슬을 주었다.

김귀주는 중전이 된 누이 덕에 어깨에 힘을 주고 궁궐을 누비고 다녔다. 그 모습을 보고, 나는 화완 옹주가 받는 임금의 사랑에 큰 기대를 걸었다. 내가 장차 과거에 급제하면 김귀주 이상의 힘을 얻으리라 굳게 믿었다. 그때를 위하여 학문을 게을리하지 않았고 덕분에 옹주와 임금의 관심을 더 많이 받았다.

김귀주 일행의 표정이 심상치 않아서 나는 접대를 핑계 삼아 뜰에서 탐스럽게 익은 살구를 따 들고 들어갔다.

"좀 드시겠습니까? 올해는 유난히 많이 열렸습니다."

사람들은 내가 들어가자 말을 멈추었다.

'뭐지? 이 분위기는……. 눌러앉지는 못하겠구나.'

나는 손님들 얘기에 무심한 척하며 살구 그릇을 놓고 조용히 나왔다. 그러나 그냥 갈 수는 없었다. 문 귀퉁이에 붙어 서서 귀를 기울였다. 세자가 역모를……, 석고대죄……, 간간이 놀라운 말들이 들려왔다. 석고대죄라면 세자가 큰 잘못을 저질러 마당에 자리를 깔고 엎드려 임금에게 용서를 빌고 있다는 말이다.

나는 숨을 죽이며 문기둥에 바싹 붙어 섰다. 띄엄띄엄 들어도 내용을 대강 알 수 있었다. 나경언이라는 사람이 세자가 역모를 했다고 고변했다고 한다. 고변이란 큰 죄를 지었음을 임금에게 고해 올리는 것이다.

'세자 저하를 어떻게 감히 고변했다는 걸까? 게다가 역모라니? 이게 무슨?'

역모란 임금을 거역하고 나라를 뒤엎으려는 것을 말한다. 그러니 역모는 죽음을 면치 못할 죄였다. 하지만 세자는 가만히 있어도 왕위를 물려받을 사람이었다. 역모를 할 까닭이 뭐가 있을까?

나는 침을 삼키며 귀를 쫑긋했다. 사람들은 다들 이런저런 전망을 한마디씩 내놓으며 앞으로 어떻게 될지 기다려 보자고 했다. 걱정보다는 다소 들뜬 분위기였다. 아니, 오히려 기대하는 분위기였다.

'세자 저하가 마당에 엎드려 전하의 처분을 기다려?'

그렇다면 지금 세자는 곤경에 처한 것이다. 세자는 역모의 죄를 쓰고 또 한 번 임금의 눈 밖에 나게 될 위급한 처지였다.

"이럴 때 이렇게 모여 있는 것은 별로 좋지 않습니다."

누군가가 말하자 여기저기 동의하는 소리가 들렸다. 나는 얼른 뜰로 나와서 꽃을 보는 척했다. 사람들은 내 배웅 인사를 받는 둥 마는 둥 총총히 떠나갔다. 나는 옹주 방으로 들어갔다. 옹주는 생각에 골똘해 있었다.

"세자 저하는 임금이 되지 못할 거야."

옹주는 혼잣말처럼 중얼거리다가 내가 들어온 걸 깨닫고 얼른 입을 다물었다. 나는 분명히 들었다. 하지만 그걸 되물어 옹주를 당황시킬 정도로 눈치 없지는 않았다. 나는 못 들은 척 다른 화제로 옹주에게 말을 걸었다.

"어머니, 식혜라도 좀 들이라 할까요?"

"으응, 그래."

옹주는 건성으로 대답했다. 옹주가 혼잣소리로 한 말, 나는 그 충격적인 말에 슬며시 마음이 들떴다.

'세자 저하가 임금이 못 될 수도 있다. 그렇게 절대적인 일도 바뀔지 모른다…….'

나는 이렇게 되뇌며 두려운 희망을 품었다. 옹주 집에 처음 들어가서 느꼈던, 뭔가 크게 달라질 듯한 희망을 또 느꼈다. 운명이 바뀔 수도 있다는 희망 말이다. 내가 지금 대궐에 사는 것도 얼마나 놀라운 일인가? 지금 대궐의 내로라하는 권세가들이 뭔가를 의논하러 모여든 곳은 바로 옹주 집이다. 이것은 무슨 뜻인가? 장차 옹주의 위상이 더 높아지면 내 지위 또한 얼마나 더 높아질지 모를 일이었다.

세손은 이 일을 알고 있을까? 어제 오랜만에 세손을 마주쳤는데, 임금을 뵈러 가는 길이라며 오늘 찾아오라고 한 터였다. 나는 자리에서 일어났다.

"어머니, 세손 저하께 가서 좀 놀다 오겠습니다."

"관둬라. 지금은 그럴 때가 아니다."

나는 모르는 척 놀라며 물었다.

"예? 무슨 말씀이십니까?"

"지금 세자 저하께 큰 변이 생겼다."

"무슨……?"

"아, 아니다. 어쨌든 세자 저하가 곤욕을 치르고 계시니 어수선한 때에는 세손도 만나지 않는 게 좋겠다."

세자에게 불만이 큰 화완 옹주였지만 역모란 말은 몹시 황망한 모양이었다. 나는 안절부절못하는 옹주를 보며 밖으로 나왔다. 옹주는 가지 말라 했지만 그럴 수가 없었다. 세손을 걱정하는 마음과 곤란에 처한 세손을 보고 싶은 마음이 동시에 꿈틀거렸다.

나는 내가 당황스러웠다. 이러면 안 되지, 하는 생각이 들어 고개를 흔들었다. 내가 미운 사람은 세자이지 세손이 아니었다. 하지만 어느새 나는 임금이 특별히 내려 준 갓과 도포를 꺼내 입고 있었다.

세손은 뜰이 훤히 내다보이는 마루에서 혼자 그림을 그리고 있었다. 한창 다투어 피고 있는 모란과 작약이 바람에 간당간당 흔들리고 있었다. 꽃이나 보고 붓이나 만질 때가 아닌 줄은 꿈에도 모르는 태평한 얼굴이었다. 나는 세손에게 다가갔다.

"세손 저하, 그림을 그리고 계셨습니까?"

"어서 와. 마침 그만하려던 중이었어."

세손은 벌써 탐스러운 모란 송이를 몇 장 그려 놓고 있었다.

"함께해도 되겠습니까?"

"올라오라니까. 부끄럽지만 졸작들 한번 봐 줄래?"

나는 그림을 들어 찬찬히 보았다. 붉은 꽃이 잎사귀에 얹혀 있거나 살짝 가려 자못 멋스러웠다.

"솜씨가 대단하십니다. 세자 저하를 닮으셨나 보옵니다."

세자는 매화 그리기를 좋아했다. 세자의 매화는 꽃잎이 화사하게 흐드러지면서도 기품이 있어서 누구나 감탄하였다. 임금도 세자의 매화에는 칭찬을 아끼지 않는다고 들었다. 세손도 세자만큼은 아니어도 그림 그리기를 꽤 좋아했다. 매화뿐 아니라 안뜰에 철 따라 피는 꽃이며 나무와 새들을 자주 그렸다.

"아바마마 솜씨야 다들 인정하지. 후겸이 너도 못 하는 게 없지 않아? 모르긴 해도 나보다 나을 것 같은데?"

"아니옵니다. 그저 흉내나 좀 내는 정도지요."

사실 나도 빠진 데 없이 골고루 재주가 있다는 말을 듣는 편이었다. 재능이 있는 데다 출생 신분을 빼고는 세손보다 어느 한 군데도 지고 싶지 않아 욕심을 낸 덕분이었다.

상궁이 다과상을 내왔다. 이제 막 더워지기 시작한 때라 담장을 넘어 불어오는 바람이 시원하였다.

"곧 여름이 되겠다. 갓이 잘 어울리는구나."

"예, 지난 관례 때 전하께서 갓과 도포를 내려 주셔서 성은이 망극하였습니다."

"그랬구나."

세손이 주섬주섬 종이와 그림 도구를 정리하였다. 내가 옆에서 거들었다.

나는 잠시 눈치를 보다가 슬쩍 운을 띄웠다.

"세손 저하, 세자 저하의 일로 근심이 크시지요?"

세손은 잠깐 의아한 눈빛을 하다가 이내 예사로운 듯 물었다.

"세자 저하의 일이라니, 무슨 일을 말하는 것이냐?"

대궐에는 늘 크고 작은 일이 일어나는 법 아니냐는 듯한 태도였다.

"모르셨습니까? 지금 세자 저하께서 금천교에서 석고대죄하고 계시다 합니다."

세손은 그제야 화들짝 놀라 손놀림을 멈추었다.

"석고대죄? 그게 무슨 말이냐? 나는 들은 바가 없다."

작년에도 세자가 관을 벗고 마당에 엎드려 빈 적이 있었다. 허락을 받지 않고 여러 날 궐 밖에 다녀온 일로 임금이 크게 노했을 때였다. 세손은 그걸 생각했는지 표정이 다소 누그러졌다. 내가 말을 이었다.

"어제 나경언이란 자가 세자 저하에 대해 고변을 하였답니다."

"고변? 아바마마께서 무슨 큰 죄를 지으셨다는 것이냐?"

"그게…… 역모라 하옵니다."

"뭐? 역모?"

"그런 듯합니다."

"아바마마는 세자로서 장차 왕위를 이어받으실 분인데, 당치 않게 무슨 역모를 꾸미신단 말이냐?"

세손은 어이가 없다는 듯 픽 웃기까지 했다. 그 때문이었다. 그 말을 겁도 없이 입 밖에 낸 것은.

"이제 세자 저하는 왕위를 잇지 못할 것이라 합니다."

나이에 비해 생각이 깊은 세손도 그 한마디에 흐트러지고 말았다. 얼굴이 하얗게 되면서 주먹을 부르르 떨었다.

"네 이놈, 어찌 그토록 망극한 말을 입에 담는 것이냐?"

세손이 불같이 화를 냈다. 나는 그제야 잘못했다 싶었지만 이미 엎질러진 물이었다. 호통치는 세손의 모습은 영락없는 왕손이었다. 나와 목검 놀이를 하던 개구쟁이 소년이 아니었다.

"가증스럽게 일개 바깥 아이 따위가 감히 왕위를 운운하다니, 그것도 이 나라의 지존인 세자 저하를 입에 올려 그런 망발을 일삼다니, 네 이놈!"

나는 손이 덜덜 떨린 나머지, 들고 있던 종이를 떨어뜨렸다. 나도 모르게 세손 앞에 무릎을 꿇어 엎드렸다.

"송구하옵니다. 저, 저는 그저 어른들이 하시는 말씀을 들었을 뿐입니다."

"어른이라니, 고모님께서 그러신단 말이냐?"

"그, 그게 아니오라 우연히 군사들이……."

나는 아차, 싶어서 둘러대다가 입을 다물었다.

"네가 죽기를 바라느냐? 당장 물러가라."

"죽여 주십시오, 저하. 제가 망발을 했습니다. 전하의 진노가 크니 어서 풀어 드려야 한다는 말씀을 전한다는 것이 그만……."

나는 변명을 하다가 오히려 주제넘다는 것을 깨닫고 입을 다물었다. 세손이 마루를 내려가며 소리쳤다.

"게 있느냐?"

내관이 냉큼 달려와 허리를 굽히고 서서 나를 흘겨보았다. 세손과 내가 하는 말을 다 들었음이 분명하였다.

"들었느냐? 무슨 일인지 아느냐?"

"그게……, 저하."

"당장 말하지 못해? 내 아버님의 일이야!"

"예, 저, 어제 나경언이란 자가 고변한 것은 사실이온데, 추국한 결과 세자 저하를 모함한 것이라 자백하였다 하옵니다."

"감히 누가 세자 저하를 모함한단 말이냐? 그리고 모함한 것이라 자백하였다면 아바마마가 왜 죄를 빌고 계시다는 것이냐?"

"그래도 그 일로 전하께서 상심해 계시니, 도리상 아니 그럴 수 없는 일이옵니다. 너무 염려 마옵소서."

내관이 말렸지만 세손은 뿌리치고 밖으로 나섰다. 나도 따라나섰다. 험한 말을 해 놓고 그냥 가기에는 나중이 두려웠다. 세손은 내가 따라가는 걸 아는지 모르는지, 어머니인 세자빈 처소로 뛰다시피 걸어갔다. 내관이 옆에서 바삐 걸으며 나에게 꾸짖는 눈길을 보냈다.

나는 방 안까지 따라 들어가지 못하고 문밖에서 상궁들 옆에 서 있었다. 세자빈은 친정아버지인 홍봉한 대감과 함께 있었다.

세손의 목소리는 밖에까지 크게 들렸다.

"어마마마, 아바마마께서 석고대죄를 하고 계시다 합니다. 어찌 된 일입니까?"

"아니, 세손이 어떻게 아셨습니까?"

홍봉한 대감의 목소리였다.

"그게 사실입니까? 역모로 모함을 받았다고 들었습니다."

"세손, 진정하세요."

"어마마마, 왜 아바마마께 가시지 않습니까?"

"지금은 전하의 진노가 크시니 잠시 기다리는 게 좋겠다고 외할아버지께서 말씀하셨습니다."

"그렇습니다. 세손 저하, 어른들의 일이니 모른 척하십시오. 곧 괜찮아질 것입니다."

홍봉한 대감이 세손을 달랬다.

"어떻게 모른 척합니까? 저라도 가 보겠습니다."

세자빈의 달래는 소리가 이어졌다.

"아닙니다, 세손. 세손까지 나서면 아바마마께서 얼마나 더 난처하고 민망하시겠습니까? 그냥 기다리세요."

"예, 세손 저하, 그게 세자 저하께도 나을 것입니다. 어머니 말씀을 들으십시오."

세손의 울먹이는 소리가 들렸다.

"괜찮으시겠지요? 고변한 자가 모함했다고 자백했다 하니 아바마마는 괜찮으시겠지요?"

"예, 괜찮으실 겝니다. 세손은 돌아가 조용히 있으세요. 경춘전에 가만히 있어야 합니다. 꼭입니다."

세자빈의 목소리가 간절하게 들렸다. 세손이 밖으로 나왔다. 나는 몸을 피했다가 멀찌감치 떨어져 걸었다. 세자가 꿇어 엎드려 있는 곳은 임금이 있는 경희궁으로 창경궁에서 꽤 멀었다. 그리로 가나 했더니 엉뚱하게 활터로 가고 있었다. 세자빈의 당부를 잊지 않은 모양이었다. 나는 슬그머니 옆에 가서 붙었다.

"세손 저하, 제가 미욱하여 저하를 화나시게 했습니다. 이놈을 치시고 부디 용서해 주십시오."

"당장 물러가라고 하지 않았느냐?"

세손이 눈을 부릅뜨고 노려보았다. 그냥 가기에는 내가 한 말이 워낙 험하였다.

"저하, 오해하신 것입니다. 저는⋯⋯."

"고얀 놈, 네가 감히 왕실과 나랏일에 대해 함부로 지껄이다니, 뭘 믿고 그리 방자한 것이냐? 네가 지어내진 않았을 것이고, 도대체 어디에서 그런 흉측한 말이 나왔단 말이냐? 고모님이냐?"

"아, 아닙니다. 사람들이 걱정하는 말을 듣고 제가 잘못 전해 드린 것입니다."

"그래, 그럴 리가 없지. 아무려면 고모님께서 친오라버니를 두고 그런 말씀을 하시지는 않았을 것이다."

"예, 세손 저하. 어머니께서는 진심으로 걱정하고 계십니다."

"결국 네 말이었다, 그거지?"

나는 사색이 되었다. 내가 아직 벼슬하지 않은 아이라 하나, 세자가 왕위를 잇지 못하리라는 말을 입에 올린 것은 죽어 마땅한 죄였다. 세손은 눈을 감고 거친 숨을 골랐다.

나는 적이 마음이 놓였다. 역시 세손은 생각이 가볍지 않았다. 내가 한 말을 생각하면 속에서 화가 부글부글 끓고 내 따귀를 갈겨 주고 싶겠지만 꿋꿋이 잘 참아 내고 있었다. 지금은 무엇보다 세자가 역모의 누명을 씻어야 하는 때였다. 이런 때에 내 말까지 문제 삼으면 소문만 더 흉흉해지고, 세자의 위엄에 흠집만 날 터였다.

숲으로 둘러싸인 활터에는 새들이 시끄럽게 지저귀고 있었다. 세손은 연거푸 활을 스무 발이나 쏘아 댔다. 굳어 있는 뺨을 타고 땀이 흘러내렸다. 나는 뒤에서 지켜보고만 있다가 세손을 따라 돌아왔다. 경춘전에 도착하니 내관이 와서 세자가 돌아왔다고 전해 주었다.

"고변 내용은 터무니없음이 밝혀지고 고변한 자는 사형에 처해졌다고 합니다. 세자 저하께서 돌아오셨지만 많이 고단하실 터이니, 세손 저하는 당분간 문안하지 말라고 빈궁마마께서 당부하셨습니다."

"그래? 정말 다행이구나."

세손의 얼굴이 금세 밝아졌다. 내관은 걱정스러운 얼굴로 세손을 보았으나 곧 고개를 숙이고 말이 없었다. 그걸 보면 아직 다행할 만한 상황은 아닌 듯했다. 나는 세자가 돌아오고 고변한 자가 처형되었다는 말을 듣고 일단 한시름을 놓았다. 그러나 동시에 실망스러운 마음이 일어나 당혹감을 감출 수가 없었다. 이렇게 되면 내 입장이 불리하게 되는 셈이었다. 상황이 안정되면 세손이 내 말을 다시 문제 삼을 수도 있었다.

나는 일부러 더 환하게 웃음을 지으며 말했다.

"정말 다행입니다, 저하."

내가 인사를 하자 세손은 잠깐 노려보고는 안으로 휙 들어가 버렸다. 나는 다시 가슴이 섬뜩하였다. 세손이 나에게 이번처럼 화내기는 처음이었다. 집으로 돌아오는 내내 당황스러운 마음에 어찌할 바를 몰랐다.

"어쩌자고 그런 말을……."

나는 내 입을 쥐어뜯고 싶었다. 세자를 못마땅해하는 임금도 이 말만큼은 그냥 넘어가지 않을 터였다.

'아니야, 어머니가 계시잖아. 만약 추궁을 당하면 변명해 주실 거야. 그래, 왕위를 이을 세자 저하이신데 이만저만 걱정이 아닙니다, 라고 말했다고 우기지 뭐. 그러면 돼. 걱정할 것 없어.'

어머니 생각에 약간 진정이 되기는 했지만 마음 한켠에서는 여전히 불안했다. 오늘 내가 한 말을 세손이 기억하는 한, 뒷날에

라도 나는 살아남지 못할 터였다. 하얗게 질려 주먹을 부르르 떨던 세손의 모습이 떠올랐다. 나는 세자가 진짜로 왕이 되지 말았으면 싶었다.

집으로 돌아오니 등이 흠뻑 젖어 있었다. 온몸이 피곤했다. 나는 그대로 방에 들어가 누웠다. 몸이 무거워 방바닥으로 꺼질 듯했다.

한숨 자고 일어났더니 기분이 한결 나았다.

"세자 저하는 임금이 되지 못할 거야."

옹주가 한 말이 다시 떠올랐다. 실없이 내뱉은 소리가 아니겠다는 생각이 슬며시 들었다.

"내가 너무 겁낸 거 아냐?"

호통치는 세손 앞에 꿇어 엎드려 떨던 내 모습에 새삼 수치심이 들었다.

따지고 보면 세손과 나는 사촌 간이었다. 그런데 그 왕통이란 것이 세손과 나를 하늘과 땅으로 구별 지어 놓았다. 단지 세자의 아들이라는 이유만으로 세손은 나와 전혀 다른, 고귀한 사람이 되었다.

세손은 운이 좋았다. 지금 세자는 원래 세자가 될 사람이 아니었다. 임금에게는 먼저 태어난 효장 세자가 있었는데 병으로 일찍 죽었다. 그 뒤 칠 년이나 지나서 미천한 궁녀의 몸에서 두 번째 왕자가 태어났는데, 나자마자 금이야 옥이야 대접받으며 지금의 세자가 되었다. 말하자면 세손은 아버지가 운 좋게 세자가 되는 바람에 덩달아 세손이 된 셈이었다.

효장 세자가 살아 있었다면 세손은 지금 아무것도 아닐 터였다. 그저 별 볼일 없는, 미천한 궁녀에게서 태어난 왕자의 아들일 뿐이니까. 세자가 아닌 왕자와 그의 아들은 원칙적으로 벼슬도 할 수 없었다. 그러니 나중에 영의정까지 될지 모를 나보다 권세에서는 세손이 한참 아래일 수도 있었다.

"가증스럽게 일개 바깥 아이 따위가 감히 왕위를 운운하다니."

세손의 호통이 떠오르며 모멸감이 느껴졌다.

'세자가 정말로 왕이 되지 말았으면 좋겠다. 그러면 당연히 세손도……'

내가 좀 비열한 생각을 한다 싶었지만 마음이 그렇게 되는 것을 어쩔 수 없었다. 나는 곧 치를 과거를 위해 책을 폈다. 세손이 제 아버지를 따라 바닥으로 내려가는 동안 나는 조용히 올라갈 준비를 하는 게 현명한 일이었다. 나는 화완 옹주의 아들이며, 임금이 칭찬해 마지않을 만큼 영특한 아이가 아닌가?

소문의 파도

대궐은 부귀영화를 누리는 곳이 아니라 권세를 다투는 곳이었다. 대신이나 관리들은 각자 자기편이 있었다. 대신들은 노론 소론 남인 등으로 각각 편이 갈라져 있었다. 남인 세력은 아주 약했고 노론의 세력이 가장 강했다.

대궐을 드나드는 대신들이 자주 옹주를 찾아와 이야기를 나누었다. 누구에게 어떤 벼슬자리를 주어 이쪽 편을 튼튼히 해야 한다든가, 누구는 태도가 어정쩡하니 경고를 주어 확실하게 이쪽으로 끌어당겨야 한다든가 하는 식의 이야기에 귀가 솔깃했다.

나는 천성적으로 그런 부분에 머리가 잘 돌아갔다. 어떤 이야기든 재빨리 알아듣고 앞뒤 사정을 단박에 눈치채었다. 특히 세자에 관한 이야기에는 귀가 더 쫑긋해졌다.

나는 세손의 처소를 기웃거리다가 뒤뜰에 서 있는 세손을 발견했다. 지난번 일 이후로 한 번도 세손을 만난 적이 없었다. 이제나저제나 만날 기회를 찾던 나는 쓸쓸히 서 있는 세손을 보고 지금이 좋은 때라 생각했다. 그런데 두어 걸음 떼다 보니 조금 뒤쪽에 허리를 굽히고 서 있는 송 내관이 보였다. 나는 선뜻 다가가지 못하고 일단 굴뚝 뒤에 몸을 숨겼다.

윤 오월이라 뜰에 선 나무들이 점점 푸르러 가고 꽃들이 만발해 있건만, 이 아름다운 대궐에서 일어나는 일들은 참으로 무겁고 어둑했다. 세손의 작은 등에서도 무거운 마음이 느껴졌다.

"송 내관, 이제 아바마마는 괜찮은 거지?"

송 내관이 세손 옆으로 다가갔다.

"이제 다 끝났느냐, 이 말이다. 아무 문제가 없는 거지?"

"그게, 저……."

"다 말하라. 내 아버님의 일이니 내가 알아야 하지 않겠느냐?"

"저, 세자 저하께서는 매일 문정전 뜰에 엎드려 전하께 용서를 빌고 계시다 하옵니다."

"그게 무슨 말이냐?"

송 내관은 대답이 없었다.

"송 내관, 나는 더 이상 어리지 않다. 빠짐없이 말하는 것이 나를 제대로 보필하는 것이다. 어서 말하라."

"황공하옵니다, 저하. 사실은 그날 이후로 전하의 진노가 풀리지 않으셔서 세자 저하의 문안 인사를 받지 않으신다 하옵니다."

"왜? 전하께서 왜 아바마마에게 진노하신단 말이냐?"

"그 고변서 내용이 하도 망측한 데다 비록 죄인은 처형하였으나 세자 저하께서 책잡히실 일도 많다 하옵니다."

"어떤 것들 말이냐?"

"일없이 자주 궐 밖 출입을 하시기도 하고, 몰래 무기를 사들이셨다고도 하고……. 전하께옵서 아무 말씀 없으셔서 소신들은 잘 모르옵니다. 외할아버지이신 홍봉한 대감이 잘 알고 있을 것이옵니다."

"외할아버지께서?"

"예, 저하. 그날 고변서를 처음 전해 올리는 자리에 홍봉한 대감이 있었고, 전하께서 나경언이란 자를 분초하는 자리에도 홍봉한 대감이 있었다 합니다."

홍봉한 대감은 좌의정으로서 임금의 절대적인 신임을 받고 있었다.

"그러면 전하의 분노를 풀게 하실 분도 이런저런 내용을 다 아시는 외할아버지라야겠구나. 외할아버지께서 곧 괜찮아질 것이라 하셨는데 왜 이리 오래가는 것이냐?"

"그게, 저……."

송 내관이 허리를 숙이고는 대답이 없었다. 세손도 더 묻지 않았다. 송 내관의 침묵은 이번 일이 뭔가 복잡하게 얽혀 있음을 뜻했다.

잘 모르지만 정치란 그럴 것이다. 모함으로 밝혀졌다 해도 뒤를 캐자면 시간이 걸릴 터였다. 그런데 왜 뒤를 캐지도 않고 죄인부터 먼저 처형했을까?

생각하면 좀 의아한 일이었다. 어쨌든 세자는 이 일로 흠집이 날 대로 났기 때문에 없었던 일처럼 깨끗하게 되기는 어려운 노릇이었다. 오해가 풀려도 임금의 상한 마음이 쉽게 돌아설 리 없었다.

"송 내관, 할바마마를 찾아뵙고 싶네. 차비를 하여 주게."

"전하께서는 오늘 밤늦도록 기우제를 지내신다고 들었습니다. 가셔도 뵙지 못할 것입니다."

한참 동안 세손은 말이 없었다. 나는 조용히 빠져나왔다. 장인인 홍봉한 대감이 세자를 돕지 않는다…….

홍봉한 대감은 노론 사람이었다. 지금의 임금이 왕이 되는 데에는 노론의 공이 컸다. 바로 이전 임금인 경종과 지금의 임금은 다 숙종의 아들인데, 경종의 어머니는 한때 왕후였던 장 희빈이고, 지금 임금의 어머니는 미천한 궁녀 출신인 최 숙빈이었다.

경종은 자식이 없었지만 한창 젊은 나이였다. 그런데도 노론 세력은 왕자가 탄생하기를 기다리지 않고 최 숙빈의 아들을 동궁으로 책봉하는 데 성공했다. 그러고 얼마 지나지 않아 경종이 죽었다. 출신 배경이 약한데도 지금의 임금이 왕위에 올랐으니 당연히 뒤에서 애써 준 노론 쪽 사람들이 주요 벼슬자리를 꿰찼다.

세자는 노론 사람들의 힘이 지나치게 강해지자 이를 못마땅하게 여겼다. 그래서 소론이나 남인 사람들을 가까이했다. 그러니 권세를 가진 노론 대신들은 세자에게 불만이 많았다. 자신들이 누리는 권세가 흔들릴까 봐 두려워하였다.

노론 대신들은 세자의 뒤를 캐고 다니다가 세자가 몰래 궐 밖에 나가거나 술을 많이 마시거나 하는 일들을 임금의 귀에 슬며시 흘려주었다. 세자는 늘 좋지 않은 소문에 휩싸였다. 병이 있다고도 하고, 자주 화를 터뜨려 아랫사람을 못살게 군다고도 했다. 그래서 임금이 세자를 못마땅해하는 건지, 임금이 못마땅해해서 세자가 그리하는 건지 알 수가 없었다. 어쨌든 뭐가 자꾸 어긋나는 모양이었다.

소론 사람들 몇몇은 지금의 임금이 노론의 도움을 받아 이복형인 경종을 독살했다고 믿었다. 젊디젊은 경종이 자식을 얻을 때까지 기다리지도 않고 무리하게 동궁이 되었는데, 그러고 나서 얼마 지나지 않아 경종이 그만 죽고 말았기 때문이다. 그래서 한동안 자기가 임금이 되려고 일부러 경종을 독살했다는 소문이 돌았다.

오래전, 소론 사람들은 그 독살설을 근거로 새 임금을 몰아내겠다며 '이인좌의 난(1728년 3월에 이인좌를 중심으로 소론이 주도해

영조의 왕위를 빼앗으려던 반란)'을 일으켰다. 독살설이 사실이든 아니든, 임금에게는 그런 소문이 떠돈다는 사실만으로도 곤란했을 것이다. 그러니 세자가 소론 사람들과 더 가까이 지내는 것을 임금이 탐탁잖게 여기는 것도 어느 정도는 수긍이 갔다.

이러저러한 이유로 임금이 세자를 무시하거나 야단치는 일이 잦았다. 그러다 보니 노론 사람들도 세자를 얕보기 일쑤였다. 오가는 길에 세자와 마주쳐도 홍인한 대감 무리는 인사를 하는 둥 마는 둥 하며 지나갔다. 홍인한 대감은 세자의 장인인 홍봉한 대감의 동생인데도 그랬다.

  세자가 역모를 했다고 고변한 나경언은 추국을 당하자 스스로 모함이었다고 자백했다. 그러나 자백으로 모든 게 끝나지는 않았다. 나경언을 처형하고 나서도 임금은 세자와 만나기를 거절하고 있었다. 그래서 세자는 날마다 뜰에 나와 엎드려 빌고 있다는 것이었다.

  누군가가 나경언을 시켜서 벌어진 일이라는 것쯤은 나도 눈치챌 수 있었다. 나경언은 누구 집 문지기라 했다. 문지기가 어떻게 세자를 고변할 식견이 있겠는가? 그런데 임금은 무슨 생각을 하는지 날마다 엎드려 빌고 있는 세자를 아예 상대조차 하지 않고 있었다. 관련자를 끝까지 찾아내려던 신하 몇을 오히려 파면했다고 한다.

장인인 홍봉한 대감이 세자를 돕지 않는 까닭도 사위와 정치적 입장이 다르기 때문일 터였다. 이번 일로 임금과 세자 사이는 더 나빠졌거나 더 나빠지는 중임이 분명했다.

나는 계속 경춘전 근처를 얼쩡거렸다. 그러다가 밖으로 나오는 세손과 마주쳤다. 나는 세자의 사정을 알고 있는 터라 괜히 마음에 여유가 생겼다. 예를 갖추어 정중하게 인사했다.

"저하, 편안하시옵니까?"

세손은 나를 마주친 것부터 달갑잖은 표정이더니, 편안하시냐는 내 인사에 화가 치미는 듯 눈빛이 흔들렸다. 그래도 세손은 세손이었다. 애써 내색하지 않고 위엄을 지켰다. 그러나 내 눈에는 세손의 불편한 심기가 훤히 들여다보였다.

"지금은 갈 데가 있으니 다음에 보자."

세손은 그렇게 말하고 바쁜 듯 나를 지나쳐 갔다. 세손의 발걸음이 한없이 무거워 보였다. 반면에, 돌아서는 내 발걸음은 한결 가벼웠다.

나는 밤늦도록 책을 읽었다. 내 학업 진도는 옹주가 감탄할 정도로 빨랐다. 옹주가 내게 거는 기대는 아주 컸다. 아무리 임금한테서 사랑받는 옹주라 해도 남편과 자식이 없는 여인이었다. 장차 나에게 기대고 위안받으려는 마음이 큰 만큼 사랑도 각별했다. 그 덕에 대신들조차 나를 함부로 대하지 않았다.

특히 요즘은 더 그랬다. 대궐에서도 어깨를 펼 만큼 나도 귀한 사람이 되었다. 나는 옹주에게 진심으로 효성을 다했다. 내 운명을 이만큼이나 바꿔 준 은혜는 모든 것을 내주어도 갚지 못할 정도로 컸다. 앞으로도 옹주는 자신이 가지고 싶은 권력을 원 없이 내게 실어 줄 터였다. 나는 영의정이 된 내 모습을 자주 그려 보았다.

며칠 뒤였다. 세손이 공부를 마치고 나오면 활 쏘러 가자고 말해 보려고 강서원 근처로 갔다. 무안을 당할지도 모르지만, 내 쪽에서는 자꾸 붙어야 할 형편이었다. 기둥을 돌아가려는데 세손의 사부 목소리가 들렸다.

"지난번에 공부하셨던 문왕 편을 다시 한 번 외워 보십시오."

"왜 이러십니까? 스승님. 숨 좀 쉬게 해 주십시오. 왜 이렇게 쉴 새 없이 몰아붙이십니까?"

"저하, 한동안 공부를 소홀히 하셨지 않습니까?"

"스승님도 나를 어린아이 취급을 하시는 게지요? 뭘 물을까 봐 두려워 그러시는 거 아닙니까?"

"아, 아닙니다."

"그럼, 스승님, 아바마마를 모함하는 사람들이 누구입니까?"

막 돌아서려던 나는 발걸음을 멈추었다.

"그, 그게 무슨 말씀이십니까?"

모퉁이 저쪽에서 들리는 사부의 목소리에는 당황하는 기색이 뚜렷했다.

"나는 이제 어리지도 않고 또 이 나라 세자의 아들이자 왕세손입니다. 묻고 싶습니다. 아버님을 모함한 자가 어느 집 문지기라 들었습니다. 세자 자리가 나랏일을 전혀 알 수 없는 문지기 따위로부터 모함받을 만큼 그렇게 가벼운 것입니까?"

세손의 질문은 날카로웠다. 나는 숨을 흡 들이켰다.

"그럴 리가 있겠습니까?"

"혹시 아바마마께서 대신들과 사이가 좋지 않으신 것입니까?"

"사이가 좋지 않다니, 정치는 아이들 놀이가 아닙니다. 대신들과 정치적 의견이 좀 다를 뿐입니다."

"그러면 의견이 다르다는 것이 문제입니까? 그래서 그런 고변서가 아바마마도 모르게 전하께 바로 올라간 것입니까?"

"그, 그게……."

사부가 말을 더듬었다.

"저하, 지금 배후를 조사하고 있으니 다 밝혀질 것입니다."

"죄인을 죽이고 나서 어떻게 배후를 조사합니까? 벌써 여러 날이 지났는데도 아바마마만 죄를 빌고 있는 것은 무슨 까닭입니까?"

"저, 저하."

직접 보지 않아도 사부가 진땀을 흘리는 모습이 눈에 훤했다.

"그리고 모함이라 자백했다는데도 왜 아직 전하의 진노가 풀리지 않는 것입니까? 아바마마께서 무엇을 그렇게 잘못하신 것입니까?"

"그동안 오해받은 일들이 쌓여서 그런 것입니다."

"그러니까 왜 오해들이 쌓였냐고요?"

"저하, 황공하오나 주상 전하의 속마음을 저희가 어찌 알겠습니까?"

나는 세손의 입에서 "아바마마께서 왕위를 못 이을 거라는 말을 들어 보셨습니까?"라는 말이 나올까 봐 입술이 바짝 얼어붙었다. 다행히 세손은 그 말을 입에 담지 않았다.

"세손 저하께서 아버님 일로 마음이 많이 상하셨나 봅니다. 어찌 그렇지 않겠습니까? 하지만 세손 저하께서는 장차 이 나라를 떠맡을 분이십니다. 감정에 휘둘리지 마시고 천천히 기다리십시오. 모든 것은 주상 전하께 달려 있습니다. 곧 주상 전하께서 판단하시고 바로잡으실 깃입니다. 소신이 세손 저하께 이러저러하다고 더는 말씀드릴 수 없습니다."

"스승님도 저에게 가만히 있으라고만 하시는군요. 다들 왜 이러십니까?"

세손의 목소리가 커졌다.

"저하, 좀 더 기다려 보십시오. 오늘은 그만하시고 내일부터는 평소와 다름없이 공부에 전념하셔야 합니다."

사부가 달래듯이 말하고 일어나는 소리가 들렸다. 나는 강서원 뒤로 돌아가 벽에 붙어 섰다.

아버지와 아들

 경희궁에 있던 임금이 창덕궁에 납시었다는 소식을 듣고 나는 바로 책을 덮었다. 임금이 바로 옆인 창경궁으로 와서 세자를 만나 용서를 할지도 몰랐다. 그렇지 않더라도 세손이 반드시 임금을 만나러 갈 터였다.
 나는 창덕궁의 진전으로 헐레벌떡 뛰어갔다. 진전은 역대 임금의 초상화를 모셔 놓은 곳이었다. 임금은 중요한 일을 결정할 때나 돌아가신 분들과 얘기를 나누고 싶을 때 이곳을 찾았다. 내가 도착했을 때 임금은 이미 일이 끝나서 연(임금이 타고 다니던 가마)을 타려 했고, 세손은 임금에게 매달려 애원하고 있었다.
 세손이라면 끔찍이 위하시는 분이건만, 지금 임금의 태도는 냉

랭하기 짝이 없었다.

"아바마마를 그만 용서해 주십시오."

"내가 그러라고 시킨 것이 아니다."

"할바마마의 심기를 어지럽혔다 하오나 그만하라 하시면……."

"너는 아비의 일에 신경 쓰지 마라."

임금은 노기 띤 얼굴로 세손을 보더니 몸을 돌렸다.

"할바마마, 어찌 그런 말씀을……."

임금은 세손 말을 듣지도 않고 그대로 연에 올라탔다.

"할바마마! 할바마마!"

세손은 뒤따라가서 연을 붙잡고 울부짖었다. 나는 임금에게 인사 올리려던 마음을 접었다. 임금이 매몰차게 세손을 외면하다니! 상상도 못 할 일이었다. 임금이 세손을 저토록 차갑게 대한 적은 없었다. 임금의 진노가 그냥 진노가 아닌 듯했다. 세손도 어지간히 놀랐는지 멀어져 가는 임금의 연을 멍하니 보고 있었다. 어깨를 축 늘어뜨린 세손의 모습은 가엾기 짝이 없었다. 지금 세자 문제가 얼마나 심각한지 짐작되었다.

임금의 연이 멀어지고 나서 나는 세손에게 다가갔다. 그러나 세손은 내가 눈에 들어오지도 않는 모양이었다. 무슨 생각을 했는지 세손이 갑자기 뛰기 시작했다. 세자빈 처소 쪽이었다.

"저하!"

송 내관이 따라 뛰었다. 나도 따라 뛰었다. 나는 세자빈의 방까지 따라 들어갔다. 세손은 다짜고짜 세자빈을 다그쳤다.

"어마마마! 왜 그냥 계시는 겁니까? 할바마마의 진노를 풀어 주십시오. 외할아버지나 화완 고모님이나 누구에게든지 부탁하여 진노를 풀어 달라 하십시오."

세자빈도 초조한 빛을 감추지 못했다.

"세손, 진정하세요. 난들 왜 애를 쓰지 않았겠습니까? 조금 더 기다려 봅시다. 전하는 고집이 있으신 분이시니 화가 풀리실 때까지 기다려야 합니다. 곧 세자 저하를 부르실 겝니다."

"아닙니다, 어마마마. 할바마마가 무섭습니다. 조금 전 진전에서 저에게 얼마나 차갑게 대하시던지……. 소자, 깜짝 놀랐습니다."

"세손, 심기가 불편하신 전하를 뭐하러 뵈었습니까? 이제 그러지 마세요. 진노를 돋우실까 염려가 됩니다. 그리고 아바마마도 뵈러 가지 마세요. 지금은 모두 힘듭니다. 아바마마는 내가 보살피고 있으니 세손은 그냥 가만히 있으세요. 제발 그래야 합니다."

세손을 달래는 세자빈의 얼굴이 창백했다. 세손이 한풀 꺾였다.

"알겠습니다, 어마마마. 제가 공연히 걱정만 끼쳤습니다."

"아시면 됐습니다."

세자빈은 손으로 이마를 짚고 가느다랗게 숨을 내쉬었다. 세자빈도, 세손도 경황이 없는지 내가 그 자리에 있는지조차 모르는 듯했다. 나는 슬그머니 밖으로 나왔다.

나중에 옹주에게 들으니, 그날 세자가 임금이 납신 곳으로 마중을 나오지 않았기 때문에 더 화가 났다고 했다. 사실 그 시각에 세자는 문정전 뜰에 엎드려 용서를 빌고 있었다. 임금은 세자가 날마다 뜰에서 용서를 빌고 있다는 사실을 몰랐던 걸까? 하여간 임금과 세자가 자꾸 어긋나는 걸 보니, 이미 하늘이 두 분을 돕지 않는 것 같았다.

세자의 장인 홍봉한 대감이 세자를 위해 아무것도 하지 않는 것도 이상했다. 이번 역모 사건을 맡은 사람이 바로 홍봉한 대감이었다. 대감은 노론 사람이긴 하지만, 그래도 세자는 사위가 아니던가? 권력은 딸과 사위보다 더 큰 것인가? 참으로 알 수 없는 일이었다.

어쨌든 세자가 석고대죄를 시작한 지 벌써 아흐레째였다. 그런데도 세자를 구해 주려고 나서는 사람은 아무도 없었다. 권력의 중심에 있는 홍봉한 대감도, 어리광과 애교로 임금을 녹이는 화완 옹주도……. 세자의 장인과 누이가 저러한데 누가 도울 것인가? 나도 세자가 좋지 않았다. 관례 때 일로 서운했기 때문이다. 또 세손을 질투하는 마음도 있었다. 그래서 은근히 이번 사건을 즐겼던 것도 사실이다. 하지만 이제는 섬뜩한 느낌이 들었다. 대궐은 참 무서운 곳이었다. 아니, 권력은 진정 무서운 것이었다.

며칠 뒤, 옹주 방에서 나온 이야기는 너무도 놀라웠다. 동궁전에서 지하 방이 발견되었다는 것이다. 방에서 몇 년 전 정성 왕후 장례 때 쓴 베옷과 지팡이와 칼이 나왔다고도 했다. 게다가 관까지 하나 있었는데, 세자가 가끔 그 방에 들어가 홀로 지냈다고 하니 참으로 기이한 일이었다.

이 일은 세자를 공격하기에 아주 좋은 구실이 되었다. 말하기에 따라서 얼마든지 해석을 붙일 수 있었다. 세자가 정신 이상이라고 할 수도 있고, 땅속에서 임금을 저주하며 역모를 꾸몄다고 할 수도 있고, 거기에서 남몰래 해괴한 짓을 했다고 할 수도 있었다.

노론 사람들이 세자를 제거할 절호의 기회였다. 이런 기회를 엉뚱하게 세자가 스스로 제공한 셈이었다.

듣자니 노론 사람들은 매우 신나 보였다. 전에 옹주가 "세자 저하는 임금이 되지 못할 거야."라던 말이 실없이 나온 게 아니었다. 뭔가 일이 착착 진행되고 있었다.

내가 어차피 이런저런 말을 들어 알고 있던 터라, 옹주는 굳이 나를 경계하지 않고 속에 있는 말을 했다.

"결국 일이 벌어지겠어."

"무슨 일 말씀입니까, 어머니?"

"어머니께서 아바마마께 이제 세자를 포기하시라고 했다는구나."

"예? 어머니라면……."

나는 무슨 말인지 몰라 어리둥절했다. 영빈이 세자를 포기하라고 했다니? 그럴 리가……. 영빈은 세자와 옹주의 친어머니였다.

옹주는 마음이 무거운지 나더러 물러가라 했다.
 나는 믿기지 않는 말을 두고 이리저리 생각해 보았다. 노론 대신들은 자신들과 생각이 다른 세자를 싫어한다. 그래서 임금에게 세자에 대한 나쁜 소문을 자꾸 흘린다. 임금도 소론과 가까운 세자가 싫다. 소론이 힘을 얻으면 임금의 입장도 곤란해지기 때문이다. 게다가 고변에서 나온 세자의 역모가 전혀 근거 없어 보이지도 않는다. 그래서 이참에 나랏일을 맡고 있는 세자의 힘을 빼앗고 싶다. 임금은 어찌하나 고심하고 또 고심했다. 영빈이 임금의 마음을 헤아리고 먼저 세자를 포기하라 청했다. 임금은 그 말을 누군가가 해 주길 기다리고 있었는데, 그 사람이 마침 영빈이었다. 이렇게 되는 건가?
 세자는 이제 처지가 한없이 위태로워 보였다. 친어머니까지 그렇게 말하고 나설 정도니……. 세자를 무너뜨리기에 얼마나 설득력 있는 말인가.
 문득, 며칠 전 할바마마를 부르며 애걸하던 세손의 얼굴이 떠올랐다. 세손의 내리막이 점점 더 가팔라지고 있었다. 세손을 딱하게 여기는 마음 한편에 통쾌한 마음이 함께했다. 내가 세손을 딱하게 여길 수 있는 입장인 것도 내 자만심을 부추겼다.
 '그래, 세자 저하는 원래 자기 자리가 아닌 곳에 있었던 거야. 그러니까 당연히 세손도…….'
 그 자리가 내 자리가 될 것도 아닌데 왜 은근히 기쁜 것인지

아버지와 아들 113

알 수 없었지만 하여간 기분은 그랬다. 어쩌면 세자보다 내 어머니 화완 옹주가 더 힘을 갖추게 되어 좋았는지도 모른다. 어머니의 힘은 바로 나의 힘이 될 테니까.

나는 세손을 찾아 나섰다. 세손이 모르고 있을 소식을 알려 주고 싶었다. 이제 세손을 만나는 일이 한결 부담스럽지 않았다. 궁녀가 세손은 활터에 있다고 알려 주었다.

세손은 내가 다가가는 줄도 모르고 활쏘기에 열중했다. 괴로운 마음을 저렇게 활에다 쏘아 날리는 모양이었다. 날 때부터 몸에 익은 귀하디귀한 대우에 왕실 교육을 받는 세손은 온몸에서 기품이 흘렀다. 아무래도 그건 부인할 수 없었다. 세손은 넝마를 걸쳐도 저 기품을 숨길 수 없을 듯했다. 내가 아무리 발버둥을 치고 밤새 공부를 해도 얻을 수 없는, 타고난 기품이었다.

세손의 실력은 많이 늘어 있었다. 스무 발 연속에 반 넘어 명중이었다. 내가 박수를 치자 숨을 고르던 세손이 돌아보았다. 세손은 나를 반기지 않았다. 그래도 겉으로 언짢은 내색을 하지는 않았다. 나는 개의치 않고 정중하게 허리를 굽혀 예를 표했다.

"많이 느셨습니다. 그동안 강녕하셨습니까?"

"여긴 어떻게 왔나?"

"문안차 왔더니 활터에 계신다 해서 이리로 왔습니다."

"고모님은 안녕하시느냐?"

옹주의 안부를 묻다니, 세손은 많이 누그러져 있었다.

"예, 어머님은 늘 안녕하십니다. 그렇잖아도 어머님께서 세손 저하가 걱정이라고 하셔서 겸사겸사 안부를 여쭈려고 왔습니다."

"무슨 걱정 말인가?"

세손은 별로 말을 섞고 싶지 않다는 듯이 다시 활을 들었다.

"세자 저하가 곤란한 일을 겪고 계시니, 어머님도 여간 걱정이 깊으신 게 아닙니다."

세손은 내 말이 고까운지 대답 대신 활을 조준했다. 명중이었다.

"그렇게 걱정이 되면 전하께 말씀이나 잘 드려 주실 일이지, 왜 그냥 앉아만 계신다더냐?"

세손이 끓어오르는 화를 누르고 비꼬듯 말했다. 나는 아직 사태를 모르는 세손을 보고 은근히 재미가 났다.

"이번엔 어머님이 나서서 될 정도의 일이 아니라 합니다."

세손이 힐긋 돌아보았다. 나는 큰 걸 내밀었다.

"동궁전에서 몰래 파 놓은 지하 방이 발견되었다 하는데, 모르십니까?"

"뭐라고?"

"그 안에 관도 있고 무기도 있었다 합니다."

"그게 무슨 소리냐?"

"그것이 역모의 증거라고 합니다."

세손이 나를 노려보며 버럭 역정을 내었다.

"역모라니, 그건 모함이라고 판명 난 일이다. 어디서 또 함부로 지껄이는 게냐?"

"그런데도 전하께서 진노를 푸시지 않는 이유가 무엇이겠습니까? 영빈마마께서도 세자 저하를 벌주라 하셨다고 들었습니다."

"뭐? 영빈마마께서?"

세손은 기가 막히는지 활을 든 채 팔을 축 늘어뜨리고 말았다. 이성이 무너졌다는 뜻이었다. 나는 내친김에 더 보탰다.

"증거들이 자꾸 나오니 친어머니께서도 어쩔 수 없다고 판단하신 게 아니겠습니까?"

"네가 조정 대신이라도 되느냐? 어찌 그리 아는 게 많으냐?"

세손이 버럭 소리를 질렀다.
"황공하옵니다. 그냥 어쩌다 보니 자꾸 듣게 되었습니다."
"네 어머니한테서 들었느냐? 고모님이 누구와 그딴 말을 해? 도대체 누구야?"
나는 멈칫하며 입을 다물었다.
"참으로 무엄하고 무례하오!"
세손의 그림자 같은 송 내관이 질린 얼굴로 끼어들었다. 나는 갑자기 나이 든 내관이 호통을 치자 움찔했다.
"저하, 용서하십시오. 모르고 계실 일이 아닌 것 같아 말씀드렸

습니다."

세손은 화살 대신 눈으로 과녁을 쏘아보며 꼼짝 않고 있었다.

"송 내관, 후겸이 말을 들었는가? 혹시 아바마마에 대해 들은 게 있는가?"

"아닙니다. 저하, 저도 그런 흉한 말은 처음 듣습니다. 원래 궐 내에는 이런저런 소문이 떠돌기 마련입니다. 고정하십시오."

송 내관이 허둥댔다.

"동궁전에 지하 방이 발견되었다지 않은가? 정말인가?"

"그, 그건 사실이오나 세자 저하께서 마음이 괴로우실 때 혼자 계시려고……. 그게 역모는 아니옵니다. 정 도령이 방자하게 지껄이는 것이옵니다."

송 내관이 나를 노려보았다. 나는 옹주의 아들로 내관에게 그런 험한 말을 들을 위치에 있지 않았지만 지금은 그걸 탓할 상황이 아니었다. 화를 참고 있는 세손의 숨소리가 점점 더 거칠어졌다. 나는 두려움에 기가 꺾였다.

"세손 저하, 화나시게 했다면 용서하십시오. 소인은 다만 세자 저하가 걱정이 되었습니다."

나는 앙버티고 선 세손을 향해 허리 굽혀 인사하고는 서둘러 자리를 떴다. 세손의 시선이 뒤를 따라잡는 것 같아 뒷골이 써늘하였다. 세자가 임금의 진노를 샀어도 세손은 여전히 거대한 존재였다.

아비를 살려 주시옵소서

 며칠 뒤였다. 옹주가 문정전으로 급히 갔다는 말을 뒤늦게 전해 들었다. 나는 왜 진작 말해 주지 않았느냐며 궁녀들에게 있는 대로 화를 냈다. 옹주가 그리로 갔다면 이는 분명 세자에게 무슨 일이 생겼다는 뜻이었다.
 나는 허겁지겁 뛰었다. 내가 도착했을 때, 문정전 밖은 군사들이 두 겹 세 겹으로 에워싸고 있었고 문 앞에 대신들 여럿이 모여 있었다. 그중에는 세자의 장인인 홍봉한 대감도 있었다. 하나같이 초조한지 손을 비비며 우왕좌왕하고 있었다. 여기저기 둘러보았으나 옹주는 보이지 않았다. 가까이 가니 문 앞에서 세손이 군사들과 승강이를 하고 있었다.

"아무도 들이지 말라는 어명이십니다."

"비켜라. 아바마마 계신 곳을 막고 군사가 지키다니, 이것이 무슨 일이냐?"

"세손 저하, 세자 저하는 어명으로 용포와 관을 벗고 엎디어 계십니다."

홍봉한 대감이 세손을 잡아당기며 말했다.

"뭐라고요? 아바마마가 왜요?"

나는 세손 못지않게 머리를 한 대 맞은 듯했다. 용포와 관을 벗다니, 그게 무슨 소리인가?

"어마마마는 어디 계십니까? 외할아버지는 왜 보고만 계시는 겁니까?"

세손이 울먹이며 소리를 질렀다. 송 내관이 세손을 붙잡았다. 갑자기 한 대신이 사람들을 향해 소리쳤다.

"어찌 신하가 되어 문을 밀치고 들어가 세자 저하를 구하지 않습니까?"

세자의 스승인 이광현이었다.

"꼭 들어가고자 하면 왜 못 들어가겠습니까?"

이광현이 문 앞으로 다가가 군사들을 밀쳤다. 몇몇 대신이 뒤따랐다.

"어명이신데 저희가 어떻게 하겠습니까?"

군사들이 난처한 기색을 보였지만 대신들을 함부로 하지는 못했다. 이광현이 군사들을 억지로 밀치고 길을 열어 주자 홍봉한 등 몇몇 대신들이 밀고 들어갔다. 세손은 몸부림을 쳤으나 송 내관이 힘껏 붙들고 놔주지를 않았다.

"저하, 가지 마십시오. 안 보시는 게 좋겠습니다."

"도대체 저 안에서 무슨 일이 일어나고 있는 것이냐? 아바마마!"

세손은 거의 제정신이 아니었다. 안으로 들어갔던 신만 대감이 도로 나오고, 이어서 홍봉한 대감이 나왔다. 군사들을 막고 서 있던 이광현이 놀라 물었다.

"어찌 그냥 나오십니까?"

"왕명이 지엄하시니 다시 들어갈 수가 없네."

홍봉한 대감이 고개를 흔들었다. 나는 아직 사태를 파악할 수가 없었다. 세손은 외할아버지 홍봉한 대감을 노려보며 있는 힘을 다해 송 내관을 떨쳐 냈다. 그러고는 곧장 달려가 문을 밀치며 뛰어들었다.

"세손 저하!"

뒤에서 송 내관이 소리치며 따라갔다. 나도 재빨리 따라 들어가 담벼락에 붙어 섰다. 아무도 담벼락 나무 뒤에 몸을 숨긴 나를 눈여겨보지 않았다. 뜰 안의 풍경은 기가 막혔다. 임금이 칼을 빼 들고 서 있고 세자는 이마를 바닥에 찧었는지 피가 흘러 저고리를 적시고 있었다. 담장 쪽으로 군사들이 모두 칼을 빼 들고 바깥을 향해 겨누고 있었다.

 어찌 이럴 수가! 세자가 정말로 대역 죄인이어서 저리하는가? 송 내관이 뒤에서 세손을 꽉 붙잡았다. 세손이 빠져나오려고 버둥거렸지만 송 내관이 죽을힘을 다해 끌어안았다.

 "자결하라! 자결하면 조선국 세자의 이름은 잃지 않을 것이다!"

 임금이 호통을 쳤다. 나는 놀라서 부르르 떨었다. 한림 임덕제가 엎드려 울부짖었다.

 "전하, 잘못이 있다 해도 어찌 자비로움으로 세자를 이끌지 않

으십니까?"

"저자가 왜 여기 있는 게냐? 저자를 끌어내라."

임금이 호통치자 군사가 임덕제를 끌어내었다. 세손이 다시 송 내관을 밀쳐 냈다. 이번엔 뜻밖에 송 내관이 순순히 놔주었다. 세손이 용포를 벗고 관을 끄르더니 세자 뒤에 엎드렸다.

"할바마마! 아비를 살려 주시옵소서! 아비를 살려 주시옵소서!"

"누가 세손을 들였는가? 빨리 데리고 나가라!"

임금은 한 치의 망설임도 없이 호령을 했다.

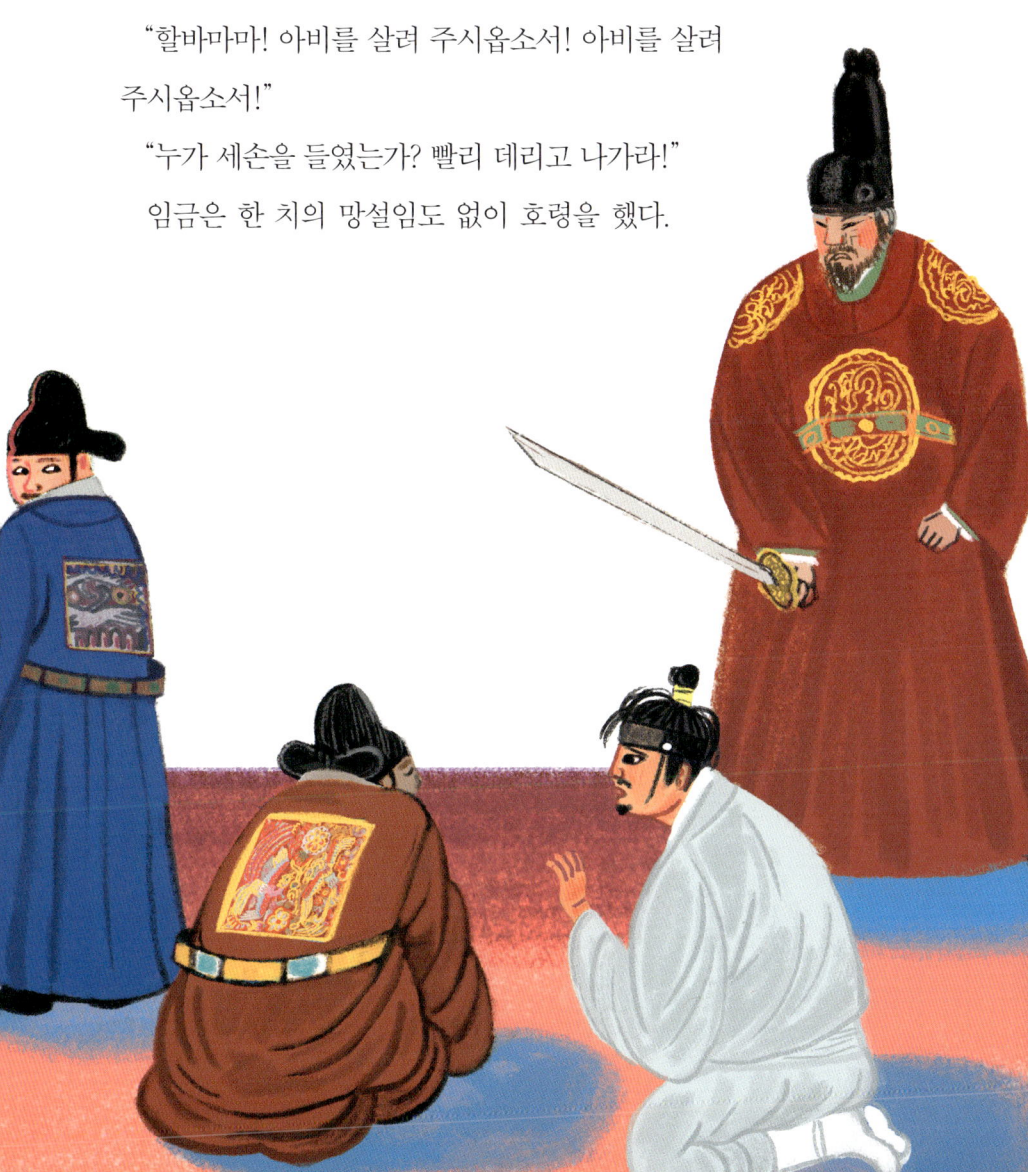

세손을 그토록 사랑하던 임금이 불타는 눈빛으로 진노하고 있었다. 세손이 울며 애원했다.

"할바마마! 어찌 이러시옵니까? 살려 주시옵소서!"

군사 하나가 와서 세손을 붙잡아 끌었다. 세손은 있는 힘을 다해 뿌리쳤다.

"놔라! 할바마마! 아비를 살려 주시옵소서! 저를 대신 벌해 주옵소서!"

세손은 목이 갈라지도록 울부짖으며 애걸했다. 그러나 임금은 더 크게 호통을 쳤다.

"뭣들 하느냐? 당장 세손을 데려가라!"

군사가 다시 세손의 팔을 움켜잡았다. 세손이 몸부림을 치며 버둥거렸다. 세자가 무릎걸음으로 세손에게 다가가며 군사에게 소리쳤다.

"네 이놈, 세손이 스스로 나가게 할 것이지 어찌 감히 세손을 함부로 하느냐?"

세자는 상투가 풀어져 머리카락을 흩뜨린 채로 세손을 붙잡고 울었다.

"산아, 가거라. 너는 살아야 한다."

"아바마마!"

세손은 피가 흘러내린 제 아버지의 얼굴을 만지며 목이 메어 울었다. 나는 차마 바로 볼 수 없어 눈을 감았다. 가슴이 벌떡벌떡 뛰었다. 세손의 비명에 눈을 뜨니 군사가 세손을 번쩍 들고 있었다. 세손이 소리쳐 울면서 들려 나갔다. 나는 꼼짝 못 하고 그 자리에 서 있었다. 가까이 있던 군사가 그제야 나를 발견하고 눈을 부라렸다. 나는 얼른 밖으로 나왔다.

"할바마마! 살려 주시옵소서! 아비를 살려 주시옵소서!"

군사는 세손을 문밖에 내려놓고 꽉 붙들고 있었다. 문밖에 세자빈이 서 있었다.

"어마마마! 어찌해 보십시오. 아바마마가 돌아가시게 생겼습니다."

세자빈은 세손을 잡고 울기만 했다. 문 안으로 세자가 옷을 찢어 목을 매는 것이 보였다. 동궁전의 관원이 말렸다. 세손이 그걸 보고 놀라서 마구 울부짖었다.

"외할아버지, 어찌 좀 해 보십시오!"

홍봉한 대감이 고개를 돌렸다.

"아바마마! 안 됩니다! 안 됩니다!"

세손이 목이 터져라 울며 소리쳤다. 군사에게 꽉 잡힌 채 외할아버지를 불렀다가 어머니를 불렀다가 제정신이 아니었다. 임금의 호통이 밖에까지 들렸다.

그때였다. 군사 둘이서 뒤주 하나를 맞들고 왔다. 뜻밖의 물건에 모두들 조용해졌다.

'저건 뭣에 쓰려는 거지?'

홍봉한 대감이 사람들을 헤쳐서 뒤주 든 군사에게 길을 열어 주었다. 군사들은 뒤주를 안으로 들여갔다. 세손은 안으로 들어가려고 버둥거렸다. 홍봉한 대감은 세자빈을 붙잡고 있었다. 나는 뒤주가 궁금하여 문 쪽으로 다가갔다. 세손이 군사에게 붙잡힌 채 한 발이라도 더 가까이 가려고 애쓰고 있었다.

"속히 그 속에 들어가라."

분명 그렇게 말하는 임금의 목소리가 들렸다. 믿을 수 없는 말이었다. 세손이 바닥에 털썩 주저앉았다. 내가 힘이 쑥 빠지는데, 하물며 세손이야! 세손을 붙잡고 있던 군사조차 세손을 놓아 버렸다. 밖에 있던 다른 사람들도 찬물을 끼얹은 듯 숨도 쉬지 않았다. 그래서 임금의 목소리가 더 또렷이 들렸다.

"뭣하느냐? 어서 들어가라지 않느냐?"

안에서 세자의 통곡 소리가 들리고, 이어서 여러 사람이 "통촉하시옵소서!" 하는 소리가 뒤섞여 나왔다. 나는 너무 두려워서 슬그머니 뒤로 물러섰다. 몸을 돌리다가 옹주를 보았다. 옹주는 멀리 나무 뒤에 몸을 숨긴 채 내다보고 있었다. 나는 얼른 옹주에게 다가갔다.

"어머니, 여기 계셨습니까?"

"너는 왜 왔느냐?"

옹주가 내게 나무라는 눈빛을 보냈다. 나는 그걸 변명할 여유가 없었다.

"어머니, 전하께서 세자 저하에게 뒤주로 들어가라 하셨습니다."

"뭐? 뒤주에? 아까 들여갔던 그……."

옹주는 어지간히 놀랐는지 말을 잇지 못했다.

"그렇습니다."

옹주는 가슴을 쓸어내렸다.

"세자 저하는 어찌 됩니까?"

"그게, 나도……."

옹주는 뭐라고 하려다 입을 다물었다.

문밖은 소란스럽고 다들 우왕좌왕하고 있었다. 나는 어찌 되고 있는지 궁금했으나 가까이 가기가 너무 두려웠다. 세손과 눈이라도 마주칠까 봐 겁이 났다.

"가 보고 오니라."

옹주가 하얗게 질린 얼굴로 낮게 말했다. 나는 부리나케 다시 문정전 쪽으로 갔다. 문 안에서는 세자가 머리를 산발한 채 뒤주를 잡고 서 있었다. 몇몇 동궁전 관원들이 뒤주 앞에 엎드려 울었다. 임금이 엎드려 비는 사람들을 향해 소리쳤다.

"저것들은 다 역적이니 모두 파직한다! 끌고 나가라!"

사람들이 끌려 나왔다.

"어찌 안 들어가는가?"

임금이 재촉했다. 시위 별감들이 들고 있던 조총을 놓고 엎드려 곡을 했다.

"전하, 통촉하시옵소서."

"너희가 저 죄인을 편드는 것이냐? 끌어내라!"

별감들도 끌려 나왔다. 이광현과 임덕제가 그대로 엎드려 있었다. 임금의 화는 식지 않았다.

"저 두 사람을 끌어내 사형하라!"

둘은 뻗대고 소리치면서도 군사들의 힘을 못 이기고 끌려 나왔다.

"너마저 나가 버리면 나는 이제 누구를 의지한단 말이냐?"

세자가 끌려 나오는 임덕제의 옷자락을 잡고 따라 나왔다. 세자는 용포도 안 입고 관도 쓰지 않은 맨 바지저고리 차림이었다. 머리카락은 흐트러지고 이마에는 핏자국까지, 도저히 귀하신 세자의 모습이라고는 볼 수 없는 행색이었다. 세자는 바닥에 앉아 통곡을 하였다. 사람들이 통곡하는 세자를 에워쌌다.

송 내관이 몸부림치는 세손을 붙들고 감싸 안았다. 안에서 어서 들어오라는 임금의 호통 소리가 났다. 세자는 할 수 없이 다시 들어갔다.

잠시 뒤, 안에서 세자의 울부짖는 소리가 들려왔다. 세자는 뒤주 모서리를 양손으로 잡고 임금을 향해 울부짖었다.

"아버님, 살려 주시옵소서! 살려 주시옵소서!"

"얼른 들어가라 했다!"

임금의 거센 다그침에 세자는 어쩔 수 없이 뒤주 안으로 들어갔다. 나는 비명도 나오지 않았다. 눈앞의 광경이 믿어지지 않았다. 뒤주 문이 닫히고 임금은 뒤주 뚜껑에 직접 못질을 하였다.

"아바마마……."

뒤주를 두드리며 세자가 울었다. 송 내관에게 붙잡혀 있던 세손은 더는 아무런 행동도 할 수 없을 만큼 넋이 빠져 있었다.

"세자를 폐해 서인으로 삼는다."

뒤이어 임금의 명이 떨어졌다. 나는 내 귀를 의심했다. 세자를 폐한다고? 그렇다면 세자를 아예 내친다는 말인가?

'그럴 리가……, 설마 전하께서 세자 저하를…….'

세손은 하얗게 질려서 울지도 못했다. 세자빈이 문 앞에 나아가 말했다.

"진하, 처분이 이러하시니 제가 어찌 대궐에 있사오리까? 부디 세손을 보전하여 주시옵소서!"

세자빈이 울며 하소연을 했다. 세손이 벌떡 일어나더니 울부짖었다.

"어마마마, 아바마마를 살려 달라 하셔야지, 어찌 저를 살려 달라 하십니까?"

세자빈은 세손을 붙잡고 울었다. 세손이 홍봉한 대감에게 달려갔다.

"외할아버지, 가서 말씀 좀 해 주십시오."

"저하, 세자는 이미 폐위되었습니다. 제가 어찌할 수 있는 상황이 아닙니다."

"그게 뭡니까? 아바마마께서 무엇을 잘못하셨기에 외할아버지도 어찌할 수 없다 하십니까?"

폐위! 정말로 폐위였다. 나는 주춤거리며 뒷걸음질하다가 옹주에게로 달려갔다.

"어, 어머니! 주상 전하께서 세자 저하를 폐위한다 하십니다."

"저, 정말이냐? 분명 그러시더냐?"

"예, 분명 그리 말씀하셨습니다."

옹주는 쓰러지듯 나무를 붙잡았다. 내가 얼른 부축했다.

"후겸아, 집으로 가자. 어서."

옹주가 나를 잡아끌었다.

"예, 어머니."

나는 옹주를 부축하여 집 쪽으로 발을 떼었다. 옹주를 집에 데려다주고 나는 다시 몸을 돌렸다. 집에 그냥 있을 수가 없었다. 헐레벌떡 문정전에 도착하니 막 임금이 나오고 있었다.

"이곳을 굳게 지키고 아무도 들이지 마라."

임금은 군사들에게 이르고 연을 향해 걸음을 떼었다. 세손이 임금에게 뛰어갔다.

"할바마마! 아비를 살려 주십시오!"

임금은 믿을 수 없을 만큼 냉정했다.

"너는 어미를 따라 궐 밖에 나가 있도록 하라."
임금은 뒤도 안 돌아보고 연을 타고 떠났다.
"할바마마!"
세손이 목이 쉰 채 흐느꼈다.
'세손은 궐 밖으로 나가야 한다!'
나가 있으라는 임금의 말을 듣는 순간, 나는 세손이 더는 세손이 아니라는 생각이 들었다. 상황이 믿을 수 없을 지경으로 흘러가 더없이 두렵고 놀라웠다. 이런 일이 생길 수도 있구나!
"저하!"
군사들과 송 내관이 동시에 소리쳤다. 갑자기 세손이 문정전으로 뛰어든 것이었다. 나는 문 앞까지 가서 안을 들여다보았다. 세손이 뒤주를 붙잡고 울부짖었다.
"아바마마! 아바마마!"
나는 차마 더 보지 못하고 몸을 돌려 담장에 기대섰다. 아버지가 뒤주에 갇히는 꼴을 보다니. 세손이 운이 좋다고 늘 생각했는데……. 이렇게 될 줄은 꿈에도 생각지 못했다. 나는 옹주에게 가 봐야 한다고 생각하면서도 선뜻 발이 떨어지지 않았다.
얼마 뒤, 금위대장이 발버둥치는 세손을 덜렁 들고 나왔다. 세자빈과 같이 있던 홍봉한 대감이 세손에게 말했다.
"저하, 어머니와 같이 저희 집으로 나가 계십시다."
"아바마마를 저리 두고 어디로 나간다는 말씀입니까?"

"세자가 폐위되셨으니 어머니도 대궐에 있을 수 없습니다. 조용히 근신하시면서 주상 전하의 명을 기다려야 합니다."

이해할 수가 없었다. 홍봉한 대감은 임금이 아끼는 좌의정 아닌가. 그런데도 사위인 세자가 저 지경이 되도록 놔두다니……. 홍봉한 대감도 그렇고 세자빈도 그렇고, 왜 죽기 살기로 임금에게 애원하지 않을까? 어찌할 수 없는 상황이 도대체 뭔가? 어쩌면 홍봉한 대감은 이리될 줄 알았는지도 몰랐다. 그렇지 않고서야 저토록 침착하게 밖으로 나갈 길을 찾을 수 있겠는가? 뒤주를 들일 때 길을 열어 주던 홍봉한 대감의 모습이 떠올랐다.

세손이 또 몸부림을 쳤다.

"나는 떠나지 않을 것입니다. 아바마마를 두고 밖으로 나가지 않을 것입니다."

"세손, 전하께서 그리하라 명하셨습니다. 제발 따르세요. 처소로 가서 기다리면 남여(뚜껑 없는 작은 가마로 의자와 비슷한 모양)를 가지고 모시러 올 것입니다."

세자빈이 세손을 달랬다.

"어마마마, 참으로 야속합니다. 아바마마가 저기 계시는데 어찌……."

"세손, 전하의 진노를 사면 세자 저하도, 세손도 살기 어렵습니다. 부디 제 말을 들으세요."

"저하, 지금은 전하의 명을 어기면 안 됩니다."

홍봉한 대감이 화난 목소리로 야단치듯 말했다. 세손이 홍봉한 대감을 쏘아보았다. 홍봉한 대감이 눈길을 피했다. 세손에게 눈을 박고 있던 나는 고개를 돌리던 세손과 눈이 마주치고 말았다. 나는 얼결에 고개를 숙였다. 그래 놓고는 놀라서 얼른 발길을 돌렸다. 세손의 "싫다, 안 간다." 하는 소리를 뒤로 들으며 나는 터벅터벅 걸어서 집으로 돌아왔다.

옹주는 멍하니 앉아 있었다. 내가 들어가도 아무 말이 없었다. 나는 그냥 잠시 앉았다가 나왔다. 모르긴 해도 이번 일에 옹주도 꽤 관련되어 있을 터였다. 옹주가 세자에게 불만이 많았다는 걸 나는 진작부터 알고 있었다. 옹주가 세자를 변호해 주는 척하며 오히려 임금의 화를 부추긴 적이 꽤 있었다는 것도, 세자빈을 몹시 질투했다는 것도.

옹주는 시샘이 많은 사람이었다. 혈통으로 말하자면 옹주의 어머니 되는 영빈도 천한 무수리 출신이었다. 하지만 옹주는 자신이 임금의 혈통을 받은 사람이라 당당해하며 세자빈이 장차 국모가 되는 것을 시샘했다.

무엇보다 오라버니인 세자와 의견이 잘 안 맞았다. 그 때문에 노론 사람인 새 중전이나 그 오라비 김귀주와 말이 더 잘 통했는지도 모르겠다. 그래도 이렇게까지 된 지금, 옹주의 마음이 편할 리 없었다. 어린 시절 오라버니와 아옹다옹하며 지낸 기억도 있을 텐데.

나는 방으로 돌아와 옷도 갈아입지 않고 누웠다.

'세손은 지금쯤 대궐에서 나갔을까? 세자는 한번 폐위되면 영영 되돌리지 못할까? 그러면 세손도 더는 세손이 아니게 되나?'

온갖 생각이 꼬리에 꼬리를 물고 일어났다. 세자는 예상보다 훨씬 빠른 속도로 곤두박질쳐서 바닥에 넘어져 버렸다. 나도 옹주처럼 마음이 착잡하여 내내 몸을 뒤척였다.

죄인의 아들

　세지를 제외한 세손 가족은 어명에 따라 모두 궐 밖으로 나갔다. 옹주는 눈에 띄게 말이 없어졌다. 나도 책이 전혀 눈에 들어오지 않았다. 이마에 피를 흘리며 살려 달라 애원하던 세자의 모습과 목이 터져라 울부짖던 세손의 모습이 눈에서 떠나지 않아 밥맛도 없었다. 세손을 생각하지 않으려고, 그보다는 내 복잡한 마음에 시달리지 않으려고 종일 활을 쏘며 지내기도 했다.
　세자를 가둔 뒤주는 다음 날 선인문(창경궁 남쪽 출입문)으로 옮겨졌다. 선인문에 가 보니 문밖에 군사 몇이 지키고 있었다. 나는 근처를 얼쩡거리다가 그곳을 책임지는 포도대장을 만났다. 포도대장은 옹주와 잘 알고 지내는 사람으로 나에게도 친절히 대했다.

"세자 저하는 계속 갇혀 계셔요?"

"그래, 죄인에게 물 한 모금도 넣어 주지 말라는 어명이 있었다. 이 근처에는 얼씬거리지도 마라."

세자를 완전히 죄인 취급하는 말투였다. 나는 포도대장이 들어갈 때 슬쩍 안을 들여다보았다. 문을 지키는 군사는 내가 포도대장과 같이 이야기하며 오는 것을 보아서 그런지 막지 않았다.

마당에는 군사들이 앉아서 술을 마시며 떠들고 있었다. 그들은 뒤주 쪽에 대고 "떡을 주리까? 술을 주리까?" 하고 놀리면서 웃어 댔다. 기가 막혔다. 아무리 폐위된 세자라지만 일개 군사 따위가 조롱을 하고 있다니. 어이가 없었다. 세자는 이제 죄인일 뿐이었다.

그 장면을 보고 나니, 민망한 마음이 들어 얼른 밖으로 나왔다. 가슴이 무거웠다. 내 관례에 어머니를 참석하지 못하게 해서 야속해했던 사람이었다. 그래도 저 지경이 된 모습은 도저히 편한 마음으로 볼 수가 없었다. 벌써 나흘째였다. 계속 저렇게 두면 생명이 위험할지도 몰랐다. 설마 임금이 아들을 죽이기야 하겠나 싶으면서도, 아직 풀어 주지 않는 걸 보면 그 속을 알 수가 없었다. 세손은 제 아버지가 아직 저러고 있다는 걸 알고 있을까? 지금 어쩌고 있을까? 가엾은 세손이 보고 싶었다.

홍봉한 대감을 비롯한 대신들은 임금에게 세자를 그만 용서하라고 청할 생각이 전혀 없는 것일까? 소문에 의하면 세자를 도우

려 한 몇몇 사람들이 귀양을 갔다. 그래서 다들 몸을 사리나 보았다. 물론 노론 쪽 대신들은 대부분 잘되었다 생각할 터였다. 하지만 옹주가 충격받은 걸 보면 세자를 반대하던 사람들도 세자가 저렇게까지 되리라고는 예상하지 못했을지도 몰랐다. 세자는 죽게 될까? 설마 그러기야 할까? 대궐은 뒤숭숭했다. 옹주는 방에서 꼼짝하지 않았다.

나는 세손을 만나 보기로 했다. 일이 이 지경까지 되자 어려서부터 같이 어울리던 세손이 걱정스러워 견딜 수가 없었다. 이미 쫓겨난 마당이라 그런지 질투가 나던 마음도 희미해져 버렸다. 세손은 이미 날개가 찢어진, 가엾은 작은 새에 지나지 않았다.

세손의 외가인 홍봉한 대감 집은 대궐에서 따라 나온 내관들과 궁녀들로 차 있었지만 몹시 조용하였다. 하인이 작은 사랑채로 나를 데려다주었다. 세손은 열이 끓어 자리에 누워 있었다. 세손빈이 두려운 눈빛으로 세손 옆에서 자리를 지키고 있었다.

물수건을 갈아 주는 세손빈의 뺨이 까칠했다. 어린 소녀가 조정 돌아가는 일을 어찌 알겠는가? 할 수 있는 일이란 그저 세손을 걱정하는 일뿐이었다. 잠에서 깬 세손은 나를 보자 반겼다. 나를 반겼다기보다는 궁궐 소식을 궁금해한 것이다.

"아바마마는 어찌하고 계시느냐? 알면 말해 다오."

내 손을 붙잡은 세손의 손이 열에 들떠 뜨거웠다. 나는 대답할 수 없었다. 며칠 새에 반쪽이 된 세손에게 군사들이 떡을 주리까,

술을 주리까 하며 조롱하던 이야기를 어찌 하겠는가?

"군사들이 지키고 있어서 잘 모릅니다."

"그러면 아직도……, 설마 아직 그 물건 안에 계신 것은 아니겠지?"

"송구합니다."

"어쩌면 좋을까?"

세손의 눈에 눈물이 핑 돌았다. 청연 군주와 청선 군주가 들어왔다.

"오라버니, 좀 괜찮으세요?"

"아직 열 있어요?"

까르르 잘도 웃던, 아홉 살, 일곱 살 소녀 둘은 풀이 죽은 얼굴이었다. 청연 군주는 나에게 묵례만 하고는 세손빈의 치맛자락에 손을 대고 조용히 있었다.

"우리, 이제 내내 여기서 살아요?"

청선 군주가 살그머니 물었다. 세손빈이 얼른 청선 군주를 감싸 안으며 말을 막았다. 밖에 누가 온 것 같았다. 마루 건너 큰 사랑방으로 사람들이 들어가는 소리가 들렸다. 조금 있다가 또 누가 오는 소리가 들렸다. 문을 열고 나가 보았더니 세자빈이었다. 세자빈은 내가 허리 숙여 인사를 해도 눈에 들어오지 않는 듯, 서둘러 홍봉한 대감이 있는 방으로 들어갔다. 분위기가 심상치 않았다.

여름이라 열어 둔 문밖으로 말소리가 들렸다. 대궐에서 나온 사람의 말은 크고 다급했다.

"빈궁마마, 나흘째이옵니다. 세손께서 석고대죄를 하시면 어떻겠습니까?"

"세손이 어리고 아프니 어찌 그리하겠는가?"

세자빈이 안 된다고 했다. 세손의 눈이 번쩍했다. 힘겹게 일어나는 걸 세손빈이 붙잡았다.

"저하."

세손은 우리를 뿌리치고 휘청거리며 건넌방으로 갔다. 나와 세손빈은 문밖에 서 있었다. 세손은 세자빈을 붙잡고 울먹였다.

"어마마마, 제가 석고대죄하러 가겠습니다."

"안 됩니다. 그 몸으로 가면 위험합니다."

홍봉한 대감이 동시에 말렸다.

"주상 전하께서 세손 저하를 잘 보존하라 하셨는데 큰일 날 일입니다."

"저는 괜찮습니다. 아바마마가 아직 갇혀 있으시다 하지 않습니까?"

"열이 펄펄 끓습니다. 안 될 일입니다."

세자빈이 세손의 손을 붙잡고 달랬다.

"벌써 여러 날이 지났습니다. 가겠습니다. 가서 할바마마께 빌고 또 빌겠습니다."

세손이 일어서려는데 홍봉한 대감이 팔을 당겨 앉혔다.

"세손이 석고대죄한다고 해결될 일이 아닙니다."

"외할아버지께서는 왜 아바마마를 도와주지 않으십니까?"

"그게 아닙니다."

"야속합니다. 정말 야속합니다."

세손이 외할아버지의 팔을 뿌리치고 일어나다가 휘청하며 넘어졌다. 그러고는 까무러쳤다.

"세손!"

"저하!"

세손빈이 울음을 터뜨렸다. 나는 세손을 부축하여 자리에 눕혀 주고는 집으로 돌아왔다. 그 자리에 더 있기가 불편도 했지만 세손을 보고 있기가 죄스러웠다. 내 잘못은 아니지만 은근히 좋아했던 마음을 가졌던 게 가책이 되었다.

세자가 갇힌 지 닷새가 지나갔다. 세자를 풀어 주라는 명은 여전히 나오지 않았다. 임금이 세자를 죽이려 한다는 소문이 나돌았다. 그러던 것이 엿새가 지나고 이레가 되면서 세자가 벌써 죽었네 어쩌네 하는 흉흉한 말까지 돌았다. 하지만 선인문에 군사가 여전히 지키고 있는 걸 보면 그저 소문일 뿐이었다.

이레째가 되던 윤 오월 스무날, 점심때가 지나면서 날이 차차 어두워지더니 폭우가 쏟아졌다. 번개가 번쩍하고 천둥이 울었다. 나는 궂은 날씨에 마음마저 뒤숭숭하여 책을 덮고 옹주 방에 가 있었다. 옹주는 요즘 말수가 눈에 띄게 줄었다. 내가 세자 얘기를 꺼내면 짜증부터 냈다. 세자 일로 임금을 찾아가지도 않았다. 나는 옹주의 속마음을 도무지 알 수 없었다. 번개가 또 한 번 번쩍했다. 옹주는 지레 귀를 막았다. 천둥소리가 우르릉거렸다.

"한숨 자야겠구나."

옹주가 들고 있던 자수를 내려놓았다. 나는 혼자 있고 싶다는 뜻으로 알아듣고 이불을 펴 주고 나왔다. 옹주의 마음이 좌불안석으로 편하지 않은가 보았다.

방에 앉아서 내리는 비를 보고 있으려니 세손이 생각났다. 어쩌고 있을까? 지난번에 까무러치는 걸 보고 왔는데 아직 자리에 누웠을까? 혹시 제 아버지에게 다녀가진 않았을까? 나는 고개를 흔들었다. 지난번에 보았듯이, 세자빈과 홍봉한 대감이 한사코 말렸을 것이다.

나는 큰 삿갓으로 비를 피하며 선인문 쪽으로 가 보았다. 빗장이 걸려 있는 선인문 문틈 사이로 눈을 갖다 댔다. 처마 아래 뒤주가 덩그러니 놓여 있고, 안채 마루에 군사 대여섯이 앉아 뭔가를 먹고 있었다. 세자가 아직 뒤주 속에 있는 게 분명하였다. 쏟아지는 빗속으로 번개가 세상을 쪼갤 듯이 내리꽂혔다. 이어 천둥이 짐승같이 크르릉거렸다. 나는 문 앞에 한참 서 있다가 집으로 돌아왔다.

그다음 날, 설미 하던 일이 결국 일어나고 말았다. 날씨가 더워진 탓에 방문을 열어 놓고 그림을 그리고 있는데, 김 상궁이 헐레 벌떡 뛰어가는 모습이 보였다.

'무슨 일이 났구나!'

나는 벌떡 일어나 김 상궁 뒤를 따라 옹주 방으로 갔다.

"마마! 옹주마마!"

옹주는 수를 놓고 있다가 그대로 멈추었다. 벌써 직감한 듯 옹주 얼굴이 순식간에 굳어졌다.

"세자 저하께서 돌아가셨다 하옵니다."

옹주가 눈을 감으며 입술을 깨물었다. 세자가 죽었다. 나는 다리에 힘이 빠져 푹 주저앉았다. 놀랍고 무서웠다. 정말로, 정말로 세자가 죽은 것이다. 죽은 것도 놀랍지만 한 나라의 왕세자가 그렇게 뒤주에 갇혀 죽었다는 게 더더욱 믿기지 않았다. 어제 천둥 번개 속에 덩그러니 놓여 있던 뒤주가 떠오르면서 나는 벼락이라도 맞은 듯 몸서리를 쳤다.

옹주는 돌이 된 듯 꼼짝하지 않았다. 나는 내 방으로 돌아와서 베개를 안고 웅크렸다. 세손의 아버지가 죽었다. 이제 세손은……. 옹주는 다음 날까지 방에 틀어박힌 채 문밖에 나오지 않았다.

나는 새벽부터 일어나 뜰을 왔다 갔다 하다가 결국 혼자 집을 나섰다. 세손 식구들이 궐에 들어와 장례 준비하는 모습을 몰래 가서 보았다. 참 초라한 빈소였다. 세자를 옹호하던 사람들은 다 파직되거나 귀양을 갔다. 다른 대신들은 임금의 눈이 두려워 조문 오는 것조차 조심하는 모양이었다. 세자빈과 청연, 청선 두 군주, 그리고 세손빈이 애절하게 울었다. 세손은 아바마마를 부르면서 신음 같은 울음을 토해 냈다. 듣는 사람의 애간장을 녹이는 울음이었다.

"아바마마! 엊그제까지 귀하고 귀하신 세자이셨는데 어찌 이렇게 되셨습니까? 으흐흑, 아바마마!"

세손의 부르짖음은 처절했다.

"할바마마, 어찌 그리하셨습니까? 아무리 미워도 그렇지, 어찌 그리하실 수 있습니까?"

세자빈이 세손을 붙잡고 달랬다.

"주상 전하를 원망하지 말고 몸을 보존해야 합니다."

"어마마마, 왜 그리 말씀하십니까? 아바마마가 돌아가셨는데 제 몸 보존하는 게 뭐 그리 중요하다는 것입니까?"

"세손, 어쩔 수 없어 그리된 것입니다. 마음을 굳게 먹어야 합니다."

"내가 석고대죄라도 드렸더라면, 으흐흑, 어마마마, 왜 저를 말리셨습니까?"

홍봉한 대감이 세손을 달랬다.

"저하, 고정하세요. 마음을 단단히 하시고 어머니와 동생들을 돌보아야 합니다."

세손은 외할아버지를 뿌리치며 울었다. 세자의 장례는 홍봉한 대감이 맡았다. 그런데 세자가 죽던 날, 홍봉한 대감은 사람들과 한강에서 뱃놀이를 하다가 소식을 듣고 대궐로 돌아왔다는 소문이 있었다. 설마 그러기야 했겠나 싶으면서도 나는 짚이는 데가 있었다. 역모 고변 사건 때나 뒤주를 들일 때나 홍봉한 대감은 세자를 돕는 편에 서 있기는커녕 오히려 그 반대편에 있었다.

정치적 입장이 다르면 사위도 적이 되는 것일까? 옹주의 마음을 알 수 없듯 홍봉한 대감의 마음도 참 알 수 없었다. 알 수 없기는 서럽게 울고 있는 세자빈의 마음도 마찬가지였다. 세자빈은 아버지의 입장을 따랐던 것일까? 그래서 세자를 포기하였던 것일까? 아니면 임금의 진노가 하도 커서 정말로 어쩔 수 없었던 것일까? 옹주의 방에서 흘러나오는 얘기들을 통해 어지간히 대궐 일을 꿰뚫고 있던 나도 이번만큼은 도무지 알 수가 없었다.

"아바마마, 저를 용서하지 마시옵소서. 정말 이렇게 되실 줄은 몰랐습니다. 부디 저를 용서하지 마시옵소서. 용서하지 마시옵소서. 으흐흐흑!"

세손은 주먹으로 바닥을 치며 몸부림을 쳤다. 청연 군주와 청선 군주는 울면서 세자빈의 품으로 파고들었다. 세손이 부르짖는 소리는 내 가슴까지 아리게 했다. 나는 나도 모르게 흐르는 눈물을 주먹으로 닦았다.

세자의 죽음은 나에게도 적잖이 충격이었다. 한 나라의 세자가 이렇게 처참하게 죽을 수 있다는 것이 믿어지지 않았다. 그러나

한편, 이번 일은 나에게 은밀한 희망을 주었다. 나도 더 큰 무언가가 될 수 있으리라, 되게 할 수 있으리라는 희망을. 세손은 충격으로 무너질 테지만, 나는 거기에서 남몰래 힘을 얻고 있었다. 울부짖는 세손을 보고 가슴이 아파 눈물을 흘리면서도 한쪽에선 야릇한 기대감이 솟구쳤다.

임금은 세자가 죽고 나서 '사도 세자'라는 시호를 내려 주었다. 세자가 목숨을 내놓고 나서야 세자의 지위를 되돌려 준 것이었다. 그러나 세자를 옹호하다가 귀양 간 대신들에게는 사약을 내렸다. 세자를 반대하던 대신들이 후환이 있을까 두려웠는지 줄기차게 처형을 주장했고, 결국 임금은 대신들의 뜻을 들어주었다.

하지만 임금은 세손 가족은 버리지 않았다. 세자빈은 임금을 원망하지 않으며 일가족을 살려 주셔서 성은이 망극하다고 했고, 임금은 그렇게 생각해 줘서 고맙다고 했다. 옹주는 그 말을 나에게 해 주고는 심드렁하게 덧붙였다.

"세손을 살리려고 그러는 거지. 이제 세손밖에 없으니까."

세자의 장례가 있던 날, 임금은 직접 장지까지 가서 대신들에게 예에 따라 곡을 하도록 명하고 세자의 신주도 직접 써 주었다. 하지만 세손에게는 세자의 상여가 대궐을 떠나 장지로 가는 것도 배웅하지 못하게 했다. 몇몇 대신들이 천륜상 그럴 수는 없는 일이라 했지만 임금은 끝내 허락하지 않았다. 세손은 가엾게도 아버지가 대궐을 떠나는 모습도 볼 수가 없었다.

그리고 다음 날, 놀랍게도 임금은 세손을 동궁으로 삼겠다고 발표했다. 동궁이란 다음 왕이 될 사람에게 붙여 주는 칭호였다. 이미 칠순을 바라보는 임금이 돌아가시면 세손이 바로 그 뒤를 잇게 되는 것이었다. 세자를 참혹하게 죽인 임금이지만 세손은 변함없이, 아니 더 깊은 사랑으로 붙들고 있었다. 나는 미처 생각지 못한 일에 당황했다.

"어머니, 세손이 동궁이 되는 겁니까?"

"글쎄, 대신들이 가만있지 않을 것이다. 죄인의 아들이라는 걸 걸고넘어질 테지."

"어머니도 세손이 동궁이 되는 게 싫으세요?"

옹주가 놀라 입을 다물었다. 아차, 내가 말실수를 했다. 그런 걸 묻는 게 아니었다. 옹주와 나는 서로 속을 보인 꼴이 되었다. 나는 슬그머니 눈을 피했다. 옹주도 나를 외면하였다.

세손을 두고 나 혼자 몰래 겨루었던 싸움이 이제 다 끝났다고 생각했는데, 막상 뚜껑을 열어 보니 그게 아니었다. 세손은 아버지가 몰락한 뒤에도 여전히 고귀한 존재로 남아 있었다.

내가 찾아가자 세손은 나를 내치지도 반기지도 않았다. 큰일을 치른 세손은 자못 어른스러운 얼굴을 하고 있었다. 표정을 읽을 수가 없었고 함께 놀 만큼 만만하지도 않았다. 그래서 의례적인 말만 하다가 와야 했다.

옹주를 찾아온 사람들은 임금이 세손을 가까이하는 것을 두고 걱정을 늘어놓았다. 세손이 동궁이 되면 뒷날이 염려스럽다는 말들이 오갔다.

"죄인의 아들이 동궁이 될 수는 없지요."

"어떻게든 막아야 합니다."

안에서 들려오는 말이 싫지 않았다. 내가 설 자리를 알고 있기 때문이기도 하지만, 어느새 나는 다시 세손을 질투하고 있었다.

옹주는 위로 삼아 자주 세손을 찾아갔다. 내가 함께 갈 때가 많았다. 옹주는 예전에도 세손을 어르고 칭찬하여 즐겁게 해 주는 재주가 있었다. 그래서 세손은 엄격하게 대하는 제 어머니보다 고모인 옹주를 더 친근하게 대할 때가 많았다.

옹주는 그걸 흡족히 여겼다. 그런데도 동궁 책봉을 반대하는 사람들과 뜻이 맞는 것은 무슨 마음일까? 나는 옹주가 세손을 진심으로 자식처럼 아끼나 싶어 슬쩍 언짢아지려다가도 동궁 책봉 문제에서는 싹 달라지는 옹주를 보며 마음을 놓았다. 누가 뭐래도 화완 옹주는 내 어머니였다.

대신들이 세손의 동궁 책봉을 대놓고 반대하고 나섰다. 어떤 대신은 역모로 죽은 세자의 가족을 대궐에 살게 하는 일 또한 옳지 않다고까지 주장했다. 아무래도 세손이 동궁이 되기란 어려울 성싶었다. 아무리 임금이라도 나라의 중대한 일을 자기 마음대로 정할 수는 없기 때문이었다.

제왕 교육

밖에 나갔다가 우연히 세손을 만났다. 가는 방향으로 보아 세자빈에게 문안하러 가는 모양이었다.

"제가 함께 가도 되겠습니까?"

"그러지."

세손은 덤덤하게 대답했다. 나와 세손은 옛날에 같이 놀던 때만큼은 아니어도 그럭저럭 말을 나누고 지냈다. 세손이 나를 내치기에는 정말이지 더없이 외로운 때였고, 나 또한 세손을 시기하면서도 늘 마음이 쓰였다.

"요즘 공부를 많이 하시는 것 같습니다."

"다른 할 일이 없잖아."

세손의 대답은 쓸쓸했다.

"저하, 기분 전환도 할 겸 말 타고 멀리 한번 나가 볼까요?"

"나를 노리는 사람들에게 무슨 빌미를 주려고?"

세손이 픽 웃었다. 나는 흠칫했으나 얼른 모른 척했다.

"그게 무슨……."

"나는 대궐이 무서워. 내가 말을 타고 나갔다 오면 사람들은 상중인 내가 방탕하다고 아우성을 치겠지."

"그럴 리가요."

"너도 알잖아? 그렇지? 하하하!"

세손이 갑자기 웃어 댔다. 나는 뭐라 대꾸할 말을 잃었다. 세손은 세자가 이런저런 일로 오해받은 것을 빗대고 있었다. 세자가 억울하게 죽었다고 생각하고 있는 게 틀림없었다. 그리고 그 문제에 대해 아무 말도 해서는 안 된다는 걸 힘겹게 참아 내고 있었다. 더 이상 아이가 아니었다. 세손은 웃음을 멈추고 묵묵히 걸었다. 나는 한 걸음 뒤에서 따라갔다.

세자빈은 세손이 방에 들자 눈물부터 쏟았다.

"세손, 내가 참혹한 일을 당하고도 세손 하나 보전하기 위해 참고 또 참았습니다."

"어마마마! 어인 일이십니까?"

"세손, 전하께옵서 세손을 효장 세자의 아들로 입적시키시려나 봅니다."

나는 무슨 소리인가 싶어 어리둥절했으나, 세손은 눈을 지그시 감은 채 아무 말이 없었다.

"이렇게 서운할 수가 없습니다."

세자빈은 서럽게 울었다. 효장 세자라면 사도 세자가 태어나기도 훨씬 전에 죽은, 임금의 첫 아들로 세손에게는 큰아버지였다. 효장 세자의 아들로 입적되면 법적으로는 세자빈이 어머니가 아니게 되는 셈이었다. 그런데 왜 그렇게? 나는 아, 했다. 세손이 죄인의 아들이라는 굴레에서 벗어날 길은 그 방법뿐이었다. 임금은 그렇게라도 해서 대신들의 반대를 물리치고 세손을 동궁으로 삼으려는 것이었다.

"어마마마, 울지 마십시오. 저는 아바마마와 어마마마의 아들이옵니다."

세손의 목소리가 떨려 나왔다. 한참이나 고개를 숙이고 있던 세손이 기어이 어깨를 들썩였다. 나는 두 사람에게 허리를 굽히고 물러 나왔다. 그러고는 서둘러 옹주에게 갔다.

"어머니, 들으셨습니까?"

"무슨 소리냐?"

"세손을 효장 세자의 아들로 입적시킨다 하옵니다."

"뭐? 어디서 들었느냐?"

"금방 세손과 함께 빈궁마마께 갔다가 들었습니다."

"이제 빈궁도 아닌 것을 너는 왜 자꾸 빈궁이라 하느냐? 그런데 그게 사실이렷다?"

"예, 어머니. 그렇게 들었습니다."

옹주는 내가 세자빈을 빈궁마마라 부르는 것을 싫어했다.

"어머니, 그러면 어찌 되는 것입니까?"

"아바마마께서 세손을 기어이 동궁으로 삼으시려나 보다."

"그렇게 한다고 돌아가신 사도 세자의 아들이 아닌 것은 아니잖습니까?"

"억지로라도 죄인의 아들이라는 굴레를 벗겨서 대신들의 반대를 피하시려는 게지."

"대신들이 순순히 물러날까요?"

"글쎄다. 전하께서 그렇게까지 하시려 한다면 대신들도 힘들지 않을까 싶다. 두고 봐야지."

"새 중전마마와 부원군인 김한구 대감, 그리고 동생 김귀주가 쉽게 양보하지 않을 것 같은데요, 어머니. 나중에 중전마마가 왕자를 낳을지도 모르잖아요."

"네가 어찌 그리 잘 아느냐?"

"대궐에서 산 지 벌써 육 년입니다. 알 만한 건 다 압니다, 어머니."

"너는 급제도 하기 전에 벌써 정치를 꿰뚫는구나."

옹주가 나를 빤히 보았다. 나는 너무 아는 척했나 싶어 약간 머쓱하였다.

"송구합니다. 제가 어리석게도 주워들은 걸 가지고 입을 함부로 놀렸습니다."

"아니다. 아이답지 않아서 하는 소리다."

"어머니, 소자, 이미 열여섯입니다. 보고 들은 걸로 조금은 생각할 줄 아는 나이입니다."

"그래, 그렇구나. 너는 어려서부터 유난히 영특했다. 이제 능히 한 사람 몫을 할 나이가 되었구나."

"소자 비록 부족하오나 제게 베푸신 은혜, 어머니를 지켜 드리는 것으로 보답할 것이옵니다."

"든든하구나. 이렇게 불안하고 답답할 때에 네가 내 옆에 있으니 참으로 힘이 되는구나."

나는 속으로 뿌듯하였다. 옹주가 나를 믿고 기대고 있었다. 말 그대로 나는 옹주의 아들이었다. 나는 진심으로 옹주의 은혜를 갚고 싶었다. 나를 사대부가에, 아니 왕실에 들여 준 옹주는 내 앞날에 더할 수 없이 튼튼한 디딤돌이었다.

내 눈과 귀는 늘 세손 주위를 맴돌았다. 임금은 세손을 각별히 가까이했다. 세자에게 냉혹하게 군 만큼 세손에게 사랑으로 갚으려는 듯이 보였다. 가끔 세손과 함께 임금을 만나는 일이 있었는데 임금은 눈에 띄게 세손을 애틋이 여겼다. 임금이 아무리 내 글공부와 뛰어난 재주에 감탄을 보냈어도 나는 역시 한 다리 건너 남이었다. 나는 질투심에 속이 끓었다.

세손은 글공부에 전념했고, 활쏘기나 말타기에도 열심이었다. 마치 아버지의 일은 잊은 듯이 행동했다. 그러나 나는 가끔 밤늦은 시간에 뜰을 거니는 세손을 보았다. 이루 말할 수 없이 쓸쓸한 뒷모습을. 그럴 때마다 나는 어둠 속에서도 세손의 눈물을 본 듯 착각하였다.

사람들이 옹주를 찾아왔다.

"옹주마마, 전하께서 기어이 세손을 동궁으로 삼으려 하심이 혹시 사도 세자에게 행한 일을 후회해서가 아닐까요?"

"예, 저도 그런 생각이 듭니다. 세손에게 그걸 보상하시고자 하는 마음이 강하신 듯싶습니다."

나는 차를 우려내면서 옹주를 찾아온 대신들의 말을 조용히 듣고 있었다. 옹주는 이제 나도 옆에 앉게 해 주어 문밖에서 엿들을 필요가 없었다. 대신들도 덩달아 나를 인정해 주었다.

거의 모든 대신이 사도 세자의 죽음에 떳떳하지 못한 듯했다. 세손이 동궁으로 책봉되고, 나아가 임금으로 즉위하는 상황을 달가워할 수 없는 입장이었다. 앞으로 대궐이 심상찮게 돌아갈 게 불 보듯 훤했다. 그러한 상황에 옹주가 관여되어 있는 한 나도 결코 무관하지 않을 터였다. 좋건 싫건 나는 이미 옹주와 한 배를 타고 있었다.

임금은 결국 세손이 다음 보위를 이을 지존임을 공식화했다. 대신들이 반대하려는 움직임에도 불구하고, 정식으로 세손을 동궁으로 삼는다는 교서를 내렸다. 임금은 자신이 동궁으로 책봉될 때 입고 쓰던 옷과 관을 세손에게 물려주었다.

"비록 오래되어 물이 날았지만, 할아버지의 물건이니 산이 네가 다시 쓰면 어찌 더 귀중하지 않겠느냐?"

"그렇게 하겠사옵니다. 할바마마."

세손은 기꺼이 낡은 옷을 받들었다. 그 자리에 함께 있던 나는 까마득히 위에 있는 세손을 절감했다. 세손과 임금은 할아버지와 손자라는 진한 핏줄로 묶여 있었다.

세손이 끝내는 무너지리라 여겼던 나는 실망이 컸다. 아무리 임금이라 해도 노론 대신들의 힘을 이기지 못할 줄 알았다. 친아들인 사도 세자를 죽게까지 한 임금이었다. 그 뒷면에 노론 대신의 힘이 있었던 사실은 누가 봐도 알 만한 일이었다.

동궁으로 책봉된 세손은 철저하게 제왕 교육을 받았다. 동궁시 강원에는 내로라하는 학자들이 사부로 임명되었다. 세손은 아침, 낮, 저녁으로 나누어 뒷날 통치자가 지녀야 할 모든 것을 배웠다. 임금은 세손을 제왕으로 키우기 위해 직접 책까지 만들었다. 내가 아무리 열심히 공부해도 그것은 그저 학문일 뿐, 세손의 공부와 같을 수 없었다.

동궁 직속의 호위 군대인 익위사가 세손의 지휘 아래 들어가는 걸 내 눈으로 보던 날, 나는 숨죽여 눈물을 흘렸다. 열세 살에 제 군사를 가진 세손, 나와 전혀 다른 존재임이 이보다 더 확실

할 수 없었다. 세손을 질투하는 마음은 더욱 거세졌다. 울음으로 해결하지 못한 마음은 기어이 세손을 꺾고 말겠다는 적개심으로 바뀌어 갔다. 그리고 옹주가 있는 한 충분히 가능성이 있다고 스스로를 다독였다.

세손은 비록 임금의 보호를 받고 있었지만 대신들이 호시탐탐 기회를 잡으려 노리고 있었다. 세손도 언젠가는 내쳐질지도 몰랐다. 사도 세자가 그렇게 죽어 나가지 않았던가? 가능성은 많았다. 사도 세자의 죽음과 관련 있거나, 적어도 그 아들이 왕위에 오르길 바라지 않는 사람들이 모두 권력의 중심에 있었다. 세손이 임금 자리에 오르도록 순순히 보고 있지 않을 사람들이었다. 자신이 몰락하지 않기 위해서 말이다.

나도 그 속에 포함되어 있었다. 나는 철저히 세손의 반대편에 섰다. 십사 년간의 긴 도전은 그렇게 시작되었다.

패배자

새 왕은 선왕의 빈전인 자정전을 떠나며 두 줄로 늘어선 대신들 사이를 천천히 지나갔다. 그 뒷모습에서도 왕으로서의 위엄이 뿜어져 나왔다. 대신들은 굳은 채 선뜻 몸을 움직이지 못했다.

나는 하늘을 올려다보았다. 햇살이 눈을 찔렀다. 눈을 질끈 감고 있자니 왕과 함께 놀던 어린 날의 추억과 그 처참했던 날, 열한 살 먹은 어린 세손의 부르짖음이 생생히 되살아났다.

"아비를 살려 주시옵소서!"

그는 사도 세자의 아들이었다!

그때, 사도 세자가 그렇게 죽지 않았다면 나는 지금 세손과 동무로 남았을까? 그랬을 것이다. 질투심에 시달리면서도 나는 늘 세손을 좋아했다. 세손도 나와 함께 어울리기를 좋아했다. 그렇게 동무로 남았더라면 이제부터 왕과 함께 이런저런 의논을 하는 벗이 될 수 있었을까?

처음 부마 집에 머물게 되고 이어서 옹주의 양자가 되었을 때, 나는 하늘이 내 편이라고 생각했다. 그런데 그게 정말 행운이었을까? 어쩌면 나는 세손을 시기하는 데 눈이 멀어 하늘이 준 복을 스스로 불행으로 바꾼 게 아닐까? 온몸에서 힘이 쭉 빠져나갔다. 뜨거운 것이 눈에 차오르며 가슴 한 부분이 날카로운 칼에 찔린 듯 아팠다. 결코 쓰지 않을 것 같았던 '후회'라는 단어가 나를 덮쳐 왔다.

세손이 동궁이 된 뒤, 나는 착실히 과거를 준비한 끝에 소과와 대과에 연거푸 급제하여 벼슬에 나아갔다. 나이 드신 임금은 나를 특별히 사랑했다. 수찬·부교리·지평 등의 벼슬을 거쳐 나이 열아홉에 승지에 올랐다. 대단한 출세였다. 스무 살에 강화부 유수가 되었고, 이어서 참판 자리에까지 올랐다. 이십 대에 참판까지 된 데에는 어머니인 화완 옹주의 든든한 후원이 한몫했다.

세손은 건장한 청년으로 자라났다. 성품은 과묵하고 눈빛은 깊었다. 정치에는 관심이 없는 듯 학문에 깊이 파고들었다. 세손이라는 지위만 아니라면 평생 우정을 나누고 싶을 만큼 듬직했다. 세손이 자라면서 화완 옹주를 비롯하여 노론 쪽 사람들은 몹시 불안해했다. 세손은 사도 세자의 죽음과 관계있는 사람들에게 언제 터질지 모르는 폭탄이었다. 옹주의 불안은 곧 내 불안이었다. 내가 딛고 있는 받침대가 옹주였기 때문이다. 김귀주와 홍인한 대감이 특히 세손이 장성하는 것을 두려워하였다.

내 벼슬이 높아지면서 세손은 단지 질투심을 일으키는 대상을 넘어섰다. 이제 세손은 내가 살기 위해 꺾어야 할 목표점이 되었다. 세손을 쓰러뜨리지 않으면 내가 쓰러져야 했다. 권력의 중심에 서 있을 때에도 나는 뒤주를 붙잡고 처절히 울부짖던 어린 세손의 모습을 잊을 수가 없었다. 그 기억은 고스란히 두려움으로 다가왔다. 내가 살기 위해서는 그가 왕이 되어서는 안 되었다.

나는 김귀주와 홍인한을 도와 세손을 제거하는 데 지략을 모았다. 동궁 쪽 궁녀들을 매수하여 세손의 일거수일투족을 늘 염탐하였고, 수시로 첩자를 보냈으며, 세손을 모함하는 유언비어를 퍼뜨리기도 했다. 세손을 비방하는 방을 도성 거리마다 붙이라 시켰고, 직접 자객을 쓰기도 했다.

그러나 불행하게도 세손은 하늘이 돕는 자였다. 우리는 세손이 동궁으로 지낸 십사 년 동안 그를 끌어내리기 위해 온갖 방법을 동원하였으나 끝내 성공하지 못했다. 그리고 결국 오늘, 세손은 임금으로 즉위하고야 말았다.

세손이 왕이 되어 스스로 사도 세자의 아들임을 선포하는 순간, 그 앞에 선 나는 완전히 패배자가 되었다. 이제는 안다. 내가 행운을 불행으로 바꿔 살았다는 것을. 나는 어리석은 자였다. 그래서 졌다. 그에게도, 내 인생에도.

'오늘 왕이 되신 전하, 우리가 창경궁에서 막대기 부딪치며 놀던 동무로 되돌아갈 수 있다면, 그럴 수만 있다면 얼마나 좋겠습니까?'

나는 눈물이 흐르도록 그대로 두었다.

✱ 뒷이야기

사도 세자의 아들, 개혁 군주 정조

　정후겸과 홍인한은 정조가 즉위하고 15일 뒤 귀양을 갔다가 얼마 뒤 사약을 받았다. 화완 옹주는 신분을 박탈당하고 서인이 되었다. 대신들은 화완 옹주도 살려 두면 안 된다고 주장했다. 그러나 정조는 할아버지였던 영조가 화완 옹주를 끔찍이 아낀 점을 떠올리고 사약을 내리지 않았다. 또 정조는 외할아버지인 홍봉한 대감의 목숨도 살려 주었다. 어머니가 슬퍼하지 않도록 고려한 처사였다.
　사도 세자의 아들 정조는 처참하게 죽은 아버지를 잊지 않았다. 그리고 아버지의 죽음이 당파 때문이었음을 똑똑히 알고 있었다. 즉위 후, 아버지 사도 세자의 억울함을 풀어 주고 묘를 수

원으로 이장하여 현륭원이라 이름 짓고 자주 참배하였다. 정조는 아버지를 기리고 당쟁이 없는 새로운 나라를 건설하려는 열망으로 수원 화성을 지었다.

정조는 그동안 소외받았던 남인과 소론 쪽 사람들도 과거에 응시하도록 하였다. 서자 출신이어도 재주 있는 사람들은 과감히 등용하였다.

또한 양반은 물론, 중인, 서얼, 평민층에 이르기까지 모두가 문화에 관심을 가지도록 이끌어, 조선 시대를 통틀어 문화 예술을 가장 크게 꽃피웠다.

이처럼 정조는 임금으로 지낸 24년 동안 강력한 개혁과 문예 부흥을 앞세운 정치로 많은 업적을 이루어, 지금까지 조선의 개혁 군주로 평가받고 있다.

즉위한 뒤에도 시시때때로 암살 위기를 겪었던 정조는 49세에 몸에 난 종기가 악화되어 갑자기 세상을 떠났다. 그의 죽음에 독살설이 제기되기도 했지만 확실하지는 않다.